AF499694

CHATEAUBRIAND

ET LA

PENSÉE MODERNE

OU

LE SOCIALISME

PAR

Théophile GRATIOT-LUZAREY.

Votre manuscrit m'arrive trop tard, au bout de ma vie, à l'instant où j'ai renoncé à tout, et ne m'occupe plus que du compte que je vais bientôt aller rendre à Dieu.
Chateaubriand.

PREMIÈRE PARTIE.

À PARIS
RUE DE L'ÉCHIQUIER, N.° 15.

TOULOUSE
Chez tous les Libraires.

CARCASSONNE
Chez LAJOUX, Libraire.

1849.

Impr. C. Labau.

Le Socialisme est la forme du christianisme philosophique, entrevu et annoncé par Chateaubriand; c'est l'initiation des masses à la philosophie par le dogme chrétien, et le retour du monde à la foi chrétienne par la philosophie : *la raison dans mes vers conduit l'homme à la foi*. La philosophie n'est autre chose que la loi naturelle réalisée par un culte extérieur : l'ordre latent ou moral, manifesté par un ordre visible. L'ordre moral, rayonnement de Dieu, est inaltérable comme la divinité même, transvasé dans l'argile humaine et devenu social par la combinaison de l'idée avec la forme, l'ordre moral, œuvre de la liberté, comme elle défaille et se ternit. Réalisé généralement dans la société par le culte naturel ou philosophique, l'ordre primitif composerait une société parfaite, par la raison qu'on ne peut exiger des choses rien de mieux que ce qui est selon leur nature. Pourquoi ce monde rêvé, cet idéal qui plane incessamment sur les aspirations de la pensée humaine, est-il si lent à naître? Pourquoi les tempêtes de l'égalité, les défaillances de la liberté, ces vastes éclipses de la vérité souveraine, où l'esprit se demande si c'est Dieu qui manque à l'homme, ou si c'est l'homme qui manque à Dieu ?

« La religion cesse d'être politique selon le
» vieil artifice social : elle devient philosophique
» sans cesser d'être divine; elle marche au grand
» principe de l'évangile : l'égalité démocratique
» naturelle devant les hommes, comme elle
» existait devant Dieu. » (*Chateaubriand.*)

Voilà le mot de l'énigme.

Les deux réflecteurs de la vérité universelle n'ayant pas fait leur conjonction, la lumière nous manque : entre les flambeaux incertains de l'avenir et du passé, nous avons les crépuscules trompeurs et les visions qui marquent les phases de l'aurore, avec ses torpeurs et ses frissons ; et les pâles perspectives du monde social, accusant la défaillance de la vie, nous laissent croulants dans le panthéisme.

Le premier écueil qui attend un travail de synthèse, à part ses infirmités de nature, c'est de paraître vouloir enseigner quelque chose à tout le monde, quand chacun de nous est obligé de tout savoir au jour de sa souveraineté. Nous avons écrit en tête du livre le nom de Chateaubriand, pour constater qu'il marche sur la ligne des jalons plantés par la caravane humaine dans sa poursuite de l'inconnu. On verra par quelques citations des Mémoires d'Outretombe, que le plan de ce livre répond, — exécution à part, — au plan nouveau, dans lequel M. de Chateaubriand concevait son génie du christianisme en 1837, en vue de la démocratie ascendante à nos horizons, autant du moins qu'il est permis de poursuivre sur les débris de naufrage, les explorations armées de la science.

Le symbole de la politique socialiste est sorti d'un orage avec les stygmates sanglants de l'enfant traîné au jour par le forceps.

Nous avons cru rendre le terrain facile à notre exposition socialiste, en lui donnant pour prémices, conformément à la logique des événements, un drame qui résume l'esprit de cette politique asphyxiante de la doctrine dont l'explosion a produit la révolution de février. Drame pétri de réalités, où palpite sous la chair et le sang la question dominante de nos luttes, la légitimité du droit, et la nécessité révolutionnaire.

Droit et Charité.

DRAME.

La famille Farnèse, quatre orphelins, greffés sur une sève marâtre, portait le drapeau de la démocratie à Verlame, petite ville de trois mille âmes environ, entre la Provence et le Languedoc. Chez Raymond, l'aîné des quatre, bouillait l'idée révolutionnaire, héritage du berceau, car le père, proscrit de la Loire, et persécuté, sa vie durant, pour crime d'indépendance, par un artificier en auto-da-fé de village, avait consumé ses jours à petit feu sur le gril de Guatimosin. Albert, le cadet, qui était peintre, avait tous les éléments de la synthèse politique, à demi noyés, il est vrai, dans les teintes auroréennes de la poésie, et sans formule nette et précise. Restaient deux sœurs, dont l'aînée, Ursule, s'était cloîtrée, son douaire avec; l'autre avait reçu de la nature, à profusion, toutes ces beautés françaises, transparentes de génie, dont les Mars et les Contat et surtout l'Aspasie chrétienne de toutes nos gloires, Mad. Récamier, offrirent des types renommés.

A côté des Farnèse vivait, sous le symbole de la tradition, la famille de Laure, composée au début de ce drame de deux orphelins, Herman et Délie, frère et sœur : pauvre noblesse que la révolution, en l'écorchant de ses blasons, avait surchargée de richesses morales. Herman avait retenu de la chevalerie du bon temps sa verve de dévouement et de spiritualisme chrétien. Une tête de tribun romain avec l'encolure d'un grec et l'air sauvage de l'habitant des Abruzzes, le tout habillant un héroïsme de chevalier : tel était le rugueux gentilhomme. Délie était comme lui une sève traditionnelle, qui avait fait ses pousses sur les plus riches terroirs de la poésie et de la foi, et emprunté, à travers les couches diverses du génie moderne, les grâces de Virginie et de Cymadocée, la résolution de Julie, et la sublimité de Clémentine.

Albert et Délie, Herman et Mélanie, entraînés les uns vers les autres par cette mystérieuse loi des fleurs, qui s'envoient leurs parfums à travers l'espace pour se féconder, cherchaient dans l'orbite de leur destinée particulière ce point de contact de la philosophie et de la foi dont la conciliation, dans la destinée publique, doit fournir le symbole non encore formulé de la politique rationnelle et la plus haute expression de la personnalité humaine. Ils cédaient par instinct de génie au courant le plus élevé de la pensée publique, dont ils devançaient les grandes évolutions. En effet, dans les horizons morts du rationalisme électique, l'art est sans orbite et sans foyer ; qu'a-t-il produit sous la période dynastique, malgré les brillantes intelligences qui ont tenté d'imprimer à l'art une impulsion nouvelle? *Il a mis*, comme dit Proudhon, *la génération en rut.* C'est dans les mains de la tradition que le poète voit briller le flambeau par qui fut rallumée la civilisation d'Homère et qui retient dans le foyer de ses évolutions, les simulacres éternels de l'honnête et du beau. De son côté, la tradition, qui n'est plus un blason mais un principe, cherche inutilement sa lumière et son avenir dans l'ornière de la foi sans examen, et ne respire dans l'ossuaire féodal que la poussière des souvenirs. Ainsi, malgré leur riche nature, les jeunes gens qui nous occupent, séparés d'ailleurs par les dissentiments de leurs familles, s'étiolaient dans la solitude de leur foyer.

Et la magnifique végétation qu'ils avaient au sein sommeillait dans l'ombre, comme un parterre embaumé sous les voiles d'une nuit sereine. A peine se furent-ils liés que leurs destinées s'accomplirent. Au contact de l'art, la pensée blasonnée s'épanouit et ruissela dans ces poétiques formules de la démocratie qui l'emportaient, frémissante de vie, sur le vaste océan de la fraternité, comme l'image du soleil saisie par les flots et répétée de vague en vague, promène ses splendeurs d'un pôle à l'autre. Au contact de la foi, la pensée du poète, retrouvant son lit naturel, resserra l'exubérance de ses instincts, et ramena ses évolutions dans le courant qui les féconde et les porte au pôle éternel.

Les deux couples s'aimèrent avec toute la force des ressentiments qui avaient séparé leurs berceaux. Car les Farnèse et les de Laure, vieilles haines politiques compliquées de ressentiments personnels, croisaient le fer des Capulet et des Montaigu par dessus la tête des générations verdissantes qui couvaient à la chaleur du volcan un double drame de Roméo et Juliette : tandis que les jeunes gens, libres de la dépouille du passé, mêlaient dans les horizons de l'avenir les aspirations de leur âme. Une haie de charmille séparait les deux gorgones : maisons voisines, jardins contigus, qui s'allaient confondre au loin dans un bouquet de bois indivis, carrefour d'illusions et de pacage. Lorsque les quatre adolescens venaient à se rencontrer, sous la pression des animosités domestiques, en pleine nature de printemps et de liberté, on eût dit quatre divinités de la fable retrempées au baptistère chrétien et qui mêlaient, emportées réciproquement dans l'auréole de leur jeunesse, par les harmonies puissantes de leurs origines diverses et de leurs natures contrastées, qui mêlaient en frémissant la sève féconde de génie et de foi, que verse le ciel, par la main de la tradition et des arts, sans souci des obstacles matériels, blasons, contrats ou parchemins qui séparent les éternels éléments de l'harmonie humaine.

Les parents morts, le drame descendit dans les limbes et ne laissa sur la tombe que l'auréole du roman. Rien ne semblait donc faire obstacle à l'éclosion des félicités domestiques qu'il portait dans ses flancs. Autrement comptait la fortune. Le patrimoine des Farnèse et par conséquent aussi leur liberté dépendaient de leur tante Farnèse, laquelle vivait sous la férule d'un juge et d'un abbé ses parents; juge et abbé, adversaires déclarés de la démocratie. L'abbé Soultre, espèce d'inquisiteur rouillé, mais émoussé au contact de la civilisation, était né en Espagne. Il avait traversé le siége de Sarragosse à cheval sur ces poutres embrasées où les enfroqués tiraient l'escopette au chant du *requiem*, et avalé toutes les flammes de l'inquisition dans ces luttes fratricides. Comme il avait sucé la vie au capitaine Farnèse, il aurait envoyé les enfants en paradis à travers les flammes d'un bûcher. Ils étaient du peuple; lui, gros bourgeois; à ce titre, il patronait ouvertement les conservateurs panthées de Verence.

La première fois qu'Albert et Délie s'abouchèrent en vue de l'autel, la jeune fille dit au peintre : Monsieur, êtes vous chrétien ? Monsieur mon neveu est au moins socialiste, marmotta la charité de l'abbé, qui était venu là tout exprès pour bénir et embarquer la nacelle. — Socialiste ? fit la jeune fille d'un air qui semblait dire : quelle bête est-ce ? — Socialiste ! répéta l'abbé, en donnant pour commentaire à sa dénonciation un regard funèbre où se miraient ces monstres d'autrefois, empoisonneurs de puits et des fontaines, et qu'on menait dévotement aux fagots. Albert, piqué dans son fort, rebroussa aux antipodes de l'inquisition et partit pour Rome. Restait Raymond, qui rédigeait, au chef-lieu du département, un journal radical, et Raymond gênait, avec sa mitraille démocratique et ses boulets ramés qu'il envoyait comme une pluie de miséricorde à travers les délassements du fait accompli et du *chacun chez soi*. Restait Herman, avec sa naïveté du 13e siècle et son honneur à pointe démouchetée, et le chevalier, avec ses allures tranchantes, contrecarrait les marquis faux poids et les barons de la chandelle. La coterie doctrinaire s'encapuchonna d'orthodoxie et créa un petit journal catholique, dont les batteries desservies par les amis de l'ordre, de la famille et de la propriété, tonnèrent trois fois par semaine contre le républicain mis au ban. Raymond soutint vigoureusement le feu et démonta la plupart de ses adversaires.

C'était le droit et la charité qui croisaient le feu. La charité Malthus, à bout de latin, ne trouva rien de mieux à faire pour prouver sa force à son ennemi, que de lui couper le cou. On commença par retrancher à Raymond le bénéfice des annonces judiciaires; mais c'étaient les amis de l'ordre qui le voulaient, les honnêtes gens se signèrent. Puis on lui boucha toutes les issues du crédit et on mina sa fortune par les quatre angles : usure, escroquerie, captation et le *faux*, tout s'y mit; mais c'étaient les amis de la propriété. Ainsi-soit-il. Puis les dévots forgèrent dans leurs oratoires je ne sais quelles fusées à la congrève qui furent lancées, par les mains de Basile, dans le foyer irréprochable du républicain; mais c'étaient les amis de la famille. Amen.

Raymond se fit professeur dans un petit collége, et pendant quelques jours les choses marchèrent sur un assez bon pied. Puis la philosophie polygame de la doctrine vint bourdonner, mouche véreuse, à l'entrée de sa demeure, et le républicain déguerpit. Recueilli sur les bras du peuple, il vint abriter ses sympathies dans une école de village, à Salsène, un myriamètre de Verlame, où il avait conservé quelques leçons de belles-lettres : liberté aux champs, budget en ville, l'égalité se trouvait roi. *Un heurt survint*...... Milord Puff, la majesté de l'endroit, ayant fait demander pour femme de chambre une brunette de seize ans, le père de la rosière s'en vint à la brune consulter Raymond qui lui conseille de jeter l'enfant dans son puits, une pierre au cou. — Oui, fit l'homme, ainsi faisant, elle ne sentira mauvais que pour la famille. Si vous faites ce qu'on vous dit, c'est votre famille qui infectera la contrée. A quinze jours de là, le républicain signalé, accusé, condamné sans avoir été entendu, fut jeté à la rue comme un pestiféré. Il ouvrit une école d'adultes et de jeunes gens à Verlame, à l'entrée de la nuit. Après quoi le républicain s'en revenait par la brune et le givre, les chiens aboyant, les loups battant la campagne, — car l'hiver était rude et le pays affamé, — arpenter les landes qui le séparaient de sa maisonnette, à l'entrée des bois et des forêts de Salsène, où l'accueil de sa dévouée compagne et le sourire endormi de ses enfants au berceau, qui lui réverbéraient le soir toutes les tendresses maternelles absorbées pendant la journée, lui donnaient la force de remonter à contre-courant sa laborieuse destinée.

Mais qu'est-ce qu'une réunion de jeunes gens?

C'était au temps des passions aveugles et ennemies. Les doctrinaires de Verlame rechargèrent leur arme et couchèrent en joue le proscrit. Un beau soir l'école croisée de rouge fut cernée par la force armée, et toute la bande révolutionnaire, maître et garçons, fut coffrée au violon. Et la femme et les enfants du prisonnier, sans amis, sans appui, sans ressource, au fort de l'hiver, à l'entrée d'un bois ! La charité ne doit rien à personne, dit M. Thiers, le cinquième évangéliste ; ou peut-être M. Troplong, ce qui serait beaucoup plus grave. Oui, toute la bande révolutionnaire et le matériel de l'émeute, plumes et crayons, tout fut coffré au violon.

Non, jamais les tortures de la chair et du sang n'égaleront en horreur les déchirements de la mort morale, les brisements immenses d'une existence qui se dissout avec le plein sentiment de ses sympathies sans bornes et de sa puissance génératrice ; qui sent affluer en rampant dans son sein, scarabées hideux, toutes ces immondes passions qu'entraînent après soi les nécessités inexorables de la vie, et tous ses organes, rongés soir et matin et souillés de bave ; et toutes les ramifications de son cœur, ses délicatesses d'âme, ses tendresses intimes du foyer, ses félicités divines, mêlées de sourires d'enfants frais éclos du

Ciel, faner et sécher jour par jour et tomber dans la rue sous le pied du passant! Une vie entière de destruction, passant, comme un torrent débordé, dans un cœur de père et de mère, en brisant et déracinant toutes leurs fibres domestiques, enfants et berceaux submergés avec les dieux de leurs foyers!

Madame Farnèse visita successivement plusieurs personnes qu'elle avait connues à la Table sainte, amis de sa famille ou de son mari, en quête d'un prêt de cent écus pour franchir les besoins de l'hiver et subvenir aux détresses de son mari malade. Mais toutes ces bonnes gens conditionnaient ponctuellement leurs petits capitaux, capitalisaient régulièrement leurs petits revenus, vivant de peu. Ils grossissaient, grossissaient, grossissaient à vue d'œil, mais sans bruit, avalant l'intérêt simple et composé de leurs placements hypothéqués, le droit et la charité, le siècle et la vie éternelle; mais incapables de spéculer sur un ami, ils n'avaient pas le sou. Et tous se couchèrent et se dorlotèrent après avoir paraphrasé dévotement à leurs enfants la thèse frelatée de la rue du Doyenné: « Il est plus difficile au riche d'entrer au royaume du Ciel, qu'au chameau de passer par le trou d'une aiguille. »

Samaritain, samaritain! c'est le Dieu de Socrate

et de Mahomet, le Dieu de Confucius et de Pythagore qui t'appelle au secours de cette famille abandonnée sur les carrefours de la réciprocité sociale, entre le baptistère et le cimetière. Samaritain, samaritain! ni poudre ni plomb. C'était une momie qui passait, entortillée dans son orgueil et son importance, les flancs serrés, le cou braqué, la démarche guindée, empaquetée dans ses capitaux et ses revenus, et portant son budget pendu à son cou, voiture, chevaux, laquais...... pour se faire faire la révérence.

C'était une momie qui passait, encapuchonnée dans ses dévotions et dans ses rosaires, et s'en allant plaider, au nom du droit d'association, pour ces pauvres millionnaires dont la République menaçait de dissoudre les avalanches d'écus au profit de la vallée. Puis c'était la troupe trapue des passions fangeuses et sanguinolentes, luxure, envie, avarice, égoïsme glouton, qui venait lécher le sang du républicain et flairer son cadavre; flairer son génie, son courage, son indépendance, cette large et vigoureuse fraternité qui lui sortait par tous les pores. Puis les bêtes s'en allaient le museau tout reniflant, relever avec le fumet du républicain la banalité de leur pot-au-feu.

Notons l'heure qui fuit et le drame qui reste à

Verlame, car l'une et l'autre seront répétés au jour de la liquidation générale, *in valle Jéozaphat.* A l'heure où madame Farnèse achevait sa ronde désespérée, la justice de Verlame essayait une tentative de viol sur la personne d'une jeune fille âgée de 19 ans : juge, procureur, commissaire, flanqués de gendarmes, pour qu'il ne manquât rien à la majesté de la souveraineté. Le passage d'une diligence et le fantôme échevelé de la révolution de février firent avorter les galanteries doctrinaires. Le drame public qui fuyait trancha le drame privé sorti de ses entrailles ; la mère en passant étrangla la fille au passage et jeta son cadavre à la rue.

Raymond, qui avait été incarcéré le 2 janvier, sortit de prison le 24 du mois suivant à l'heure tardive où il avait été arrêté, et sans se douter le moins du monde, non plus que le public dormant, des événements qui se passaient à Paris. Il sortit, il partit, quelques provisions faites, soins de bienvenue, et tout haletant, et tout effaré, il enjamba...... A moitié chemin de son village la précipitation de sa course le força de s'arrêter pour reprendre haleine. C'était sur une éminence qui dominait l'horizon jusqu'au bois. Raymond pose la main sur son flanc, les yeux plongés dans les ténèbres, et aperçoit une lumière. Les voilà ! se dit-il, en exhalant dans un soupir de congratulation intérieure toutes les douleurs accumulées de sa captivité ! car la lumière lui indiquait sa maison, seule en vue de ce côté du hameau. Il serre ses flancs de son mouchoir et prend le galop à la descente de la côte ; trébuchant, flageolant comme un homme engourdi par l'ivresse, il tomba. En se relevant, il touche du linge, et son pied trébuche encore. Il tâtonne.... un corps mollasse.... un cadavre... ! Puis tout d'un coup cet arôme indéfinissable qui vous fait reconnaître la nuit, l'approche du village natal, comme si les morts du foyer vous soufflaient leur haleine au visage, lui fit dresser les cheveux ; car il crut reconnaître sa femme. Oui, la touche du linge, la forme du spectre, une certaine impression qui lui donnait au cœur. Stéphanie?.... Il prend ce corps, il l'enveloppe de ses bras, il le serre contre sa poitrine ; il colle à plusieurs reprises son vissge contre sa joue.... froid! Stéphanie! Stéphanie! c'est elle! fit le malheureux, avec un cri déchirant ; car il lui semblait, tête et cœur se dissoudre, par l'effet d'une mine éclatée dans son sein.

Un genou ployé contre terre, de l'autre il souleva le corps dont la tête se renversa, la chevelure pendante ; et toujours cherchant, pressant, ces mains, ce front, ces joues.... froid, froid, froid! Une rapide vision de désespoir lui mit sous les yeux, comme moyen de trancher son drame atroce, un couteau-poignard dans sa poche, un précipice à quatre pas, et la rivière qui râlait à un jet de pierre. Il se levait lentement, machinalement, la tête égarée..... Mais ce corps souple et ces membres pliants! s'écria-t-il, dans un dernier assaut d'espérance, mais ces vêtements encore tièdes! Est-ce là mort? Et se dressant d'un bond, sa femme serrée contre sa poitrine, ... son œil en feu décrivit rapidement dans l'ombre un orbe rapide, comme une fusée qui tourbillonne : il reconnut les lieux. En quatre pas il eut transporté son fardeau dans une cabane voisine, abri de cantonnier, où une odeur de fumée froide lui fit chercher et découvrir un brasier qui était à demi éteint.

Au moyen de quelques feuilles et broussailles, débris de la cabane, le bûcher, tôt rallumé, Raymond mouilla le dos de sa main et la posa sur les lèvres de l'évanouie. Son cœur s'arrête.... tout son sang jaillit au bout de sa main.... mais non, non, elle n'est pas morte, fit-il avec impatience; impossible qu'elle soit morte; elle étouffe dans sa position contrainte et le souffle n'arrive pas, et j'ai la main glacée. Et déplaçant le corps qui était tout pelotonné, il l'étendit sur le dos et le mit à l'aise. Puis de nouveau mouillant sa main, après l'avoir échauffée par le frottement, il se penche sur son désespoir, sondant la vie, et prêt à plonger dans le gouffre si l'espérance lui manquait. Un petit souffle comme celui de Job qui se fit sentir distinctement trois ou quatre fois, lui fit partir du même jet les larmes des yeux et tout le sang du cœur; il étouffait. Il rallume le feu, il tire de sa poche une bouteille de vin d'Espagne, dont il verse quelques gouttes sur les lèvres de la mourante....... puis épluchant la cendre de tous ses charbons, avec lenteur, avec une religiense attention, il plonge doucement les pieds de Stéphanie dans la cendre tiède. Ses yeux s'ouvrirent, leurs premiers rayons soulevant avec peine la couche de ténèbres qui les oppressait, échouèrent dans un terne vitrage. La pensée revint cependant, et se dégagea. Un regard dépouillé de la jeune femme, à travers un sourire violet, porta au cœur de Raymond tous les tressaillements heureux de leurs quinze ans d'union.

Tandis qu'avec sa barbe givreuse, ses poils hérissés, ses yeux noyés dans le sang, et penché de tout son corps sur la patiente non moins belle et non moins flétrie qu'une vierge chrétienne retirée des jeux de l'amphithéâtre, Raymond avait l'air d'un antropophage affamé. Stéphanie lui prit la main, qu'elle essaya de presser faiblement, et d'une voix brisée : tout nous manquait.. fit-elle ; la petite mourait de faim.... je voulais la voir et le froid m'a tuée... ici...

En ce moment un explosion épouvantable de hurlements voisins et d'aboiements qui tranchaient sur le tumulte assourdissant des lointains du bois, fit bondir Raymond, qui se dressa debout, frappant de sa tête contre les parois de la cabane. — Malheureuse enfant, s'écria-t-il, en pensant à sa fille ! — Que deviendrons-nous, soupira Stéphanie, je lui avais tant recommandé de fermer les croisées une fois nuit close... l'aura-t-elle fait? ajouta-t-elle en étouffant un gémissement qui expira dans sa gorge et que Raymond ne comprit pas.

Il sort de la cabane; il gravit le tertre contigu, il plonge les regards à l'horizon.... la lumière brillait, la brise sifflait, les bruits redoublaient, cris de défense et d'attaque, jappements précipités et désespérés, sourds grognements de rage entrecoupés de déchirements aigus, hurlements lamentables qui dominaient tout, *lupis ululantibus*; un cercle de fureur et de désespoir fermait l'horizon, l'hydre de la famine avec ses mille cris enveloppait toute la contrée, terre et ciel, de ses fureurs et de ses vengeances. — Et pas un secours à ma portée, s'écria Raymond, les mains crispées de fureur; et il se précipita vers la cabane où l'appelaient des cris qu'il reconnut cette fois, et qui lui rebondissaient dans la poitrine. C'était le travail de l'enfantement qui commençait, ni plus ni moins. Il crut sentir le ciel crouler sur ses épaules. — Dieu bon, grand, saint, qui pleus et luis sur toute créature, du fond de mon néant, je te salue, s'écria Raymond, les bras en croix; mais ce monstre catholique à tête d'orgueil, à serres d'hyène! — tais-toi, — qui enserre le monde pour le dévorer? — Tais-toi, tais-toi, — je l'abhorre! — Respecte l'enfant qui va te naître, et qui n'aura peut-être pour mère que la charité, fit Stéphanie avec un gémissement arraché du fond de ses entrailles. — Ce monstre, à qui les bûchers manquent et qui a soif de sang et de corruption? — Malheureux! — Qui fait du peuple un escabeau pour le souiller de ses scories?.. — Raymond, s'écria Stéphanie, en se dressant sur son séant, la face toute illuminée de terreur et d'amour, comme la mère des douleurs au pied du calvaire: si je te fus toujours soumise et dévouée compagne, n'étouffe pas mon heure suprême dans le désespoir! — Trente ans de vertus chrétiennes et de tendresse inaltérée lui sautaient au cou : plus puissantes que la chaîne d'or et la ceinture d'Homère, Raymond pencha la tête et pleura.

Mais les bruits grondaient, grondaient, grondaient comme une vague équinoxiale, comme un ouragan qui s'avance ; on eût dit une trombe emportée par les vents, à l'assaut de la cabane. Puis tous ces bruits, ces fureurs, ces clameurs, se confondaient en un tourbillon dévastateur du côté de Salsène ; et dans ce tourbillon, des pleurs d'enfant, des cris innocents, des gémissements inconsolés, des désespoirs indéfinissables appelaient au secours ; et au milieu d'un vaste théâtre de carnage et d'effroyables convulsions : *des lambeaux pleins de sang et des membres affreux*. . . . . .
— Laisse-moi, dit Stéphanie, qui suivait aussi par la pensée, au bruit de l'orchestre sauvage, je ne sais quel drame lointain noué au fond de ses entrailles, et va-t-en, laisse des branches et du feu à l'entrée de la cabane, et va-t-en ; tu courras à l'enfant et reviendras après avec du secours. — Raymond la regarde fixement et part d'un trait.

La lumière ne paraissait pas ; elle ne paraissait plus... il s'arrête... la lumière reparaît... pour s'éclipser, et renaître encore. — Est-ce l'enfant qui passe et repasse? Est-ce la bête qui dévore sa proie? Voilà bien deux ombres.... oui, deux ombres qui se suivent, se dit-il, et il prend l'élan. Mais il n'a pas fait dix pas qu'un nouveau gémissement le traverse de part en part. Et cet enfant qui va tomber sur la glace et qui ne sera pas recueilli !.... Et cette femme abandonnée, mourante au milieu des bêtes de proie qui sont là, que j'entends, errant, flairant?... — L'ombre passait et repassait sur la lampe lointaine, et les grandes tranchées arrivaient qui lui sabraient le cœur ; ces douleurs à long dard qui semblent traverser de part en part et symboliser la destinée qui va naître.

A demi étouffées dans les cavités souterraines de la cabane, elles se représentaient dans l'espace avec des proportions fantastiques et dardaient dans l'immensité, la plainte de l'infortune abandonnée. — Innocents, innocents, voués aux gémonies de la voirie! s'écria Raymond, en se tordant de désespoir et de rage; où donc est la main qui protége, à côté du bras qui punit? Leur Dieu, leur vie, leur droit, leur place, où sont-ils, où sont-ils? Et son œil ardent et courroucé croisait le ciel du Zénith, au couchant, d'un horizon à l'autre, comme pour arracher des profondeurs de l'infini la force invisible qui manquait à la protection de sa destinée.

Le ciel ridé par une couche de givre, était coupé du couchant au Zénith par un rayon blême et saccadé, et semblait ricaner d'ironie. Au bout de ce rayon qui figurait un suaire, un astre violacé se couchait dans les gorges des ARDENTS, à demi ébréché par l'horizon, comme une tête de moribond enfoncée dans son oreiller et défigurée par l'agonie. On eût dit le cadavre de Dieu! — Nous voyons avec les yeux de Raymond, bien entendu. — sous les voutes funèbres du chaos, à la lueur d'un astre expiré. Et de ce monde mort, de cet astre muet, de ce ciel glacé de désespoir, des torrents de lave révolutionnaire ruisselaient au sein du proscrit. Leur droit, leur vie, leur place, où sont-ils, hurlait le malheureux père? Ce champ est à lui, ce champ est à l'autre : maison, abri, tout l'espace est pris. — Drame.

C'était un drame fantastique et furieux qui emportait le républicain ; des idées de six mille ans qui tempêtaient dans sa pensée, croisant autour de lui une épouvantable canonnade et bouleversant dans leur tempête toutes les puissances de la vie. — Ce champ est à toi, ce champ est à l'autre !

Est-ce Dieu qui a divisé la terre? qui l'a cloîtrée, parquée, numérotée sur le cadastre, entre les bourreaux et les gens d'armes? faisait une voix intime et retentissante à la fois, métallique et suave, foudroyante et plus douce qu'une caresse maternelle; une voix qui balottait la pensée du proscrit d'un pôle à l'autre. Le droit est fils de la liberté, qui prend lait de l'égalité, continua la voix; morte la mère? —

Et la voix divine semblait attendre la conclusion de la bouche de la liberté. — Morte la mère? hurlait le persécuté, raide et braqué comme un poignard qui darde la mort. Et sa pensée s'enflammant comme un liquide igné au contact du feu, monta comme un tourbillon de colère; elle éclatait, frémissait et se dilatait démesurément; brandons lancés par un volcan en éruption, comme pour atteindre aux quatre parties du monde un adversaire de sa taille. — Morte la mère! répéta la mensuétude évangélique; morts les enfants. Et voilà pourquoi Dieu manda son fils dans le monde pour régénérer de son sang le droit et l'égalité, pour agenouiller de Rome à Paris les puissants de la terre aux pieds du pauvre et de l'orphelin. Il avait façonné l'égalité de sa main, il la fit sortir de son flanc, avec la charité qui ne meurt point. — La charité! dit Raymond, les points serrés, la poitrine suffoquée, car il sentait son sang écumer et brûler sa blessure. — La charité! — Et tourbillonnèrent tout-à-coup dans sa pensée tous les affreux fantômes de ce monde fatal galvanisé par la doctrine; ces charités malthusiennes, empanachées d'orgueil, ces axiomes pointus aux lèvres serrées, aux sourcils froncés : *chacun chez soi*; ces dogmes hagards, aux dents grinçantes : *le travail est un frein*; toutes ces féodalités de *fait accompli*, embarbouillées dans les cuirs et les suifs, aux pieds d'airain, aux mains crochues, chacune avec son haut fourneau dans son cerveau; séquelle d'enfer qui empoisonnait le républicain, de désespoirs inénarrables, qui versait sur les tortures de son âme un débordement de fureur..

Mais voilà le dogue du bûcheron de Salsène qui donne. Le drame est là : voilà les grandes tranchées qui reprennent de plus belle, c'est la vie qui demande à sortir des limbes, et la mort l'attend à la porte. — Raymond, criait la malade, cherche de l'eau pour baptiser!... Raymond? — Chercher! courir! mais où donc? quel secours? quel espoir? demi-lieue de Salsène, demi-lieue de Verlame; le pays désert! rester, partir! la mort partout, la mort, la mort! Et il allait, il venait, il s'arrachait les cheveux; tiraillé comme un cerf aux abois qu'une meute acharnée se dispute. De l'eau, de l'eau, faisait la voix brisée; qu'il ne meure pas tout entier! — Mais si je reste, je suis crucifié là bas; mais si je pars, c'est ici que je souffre la torture. Et vingt fois il prit son élan pour Salsène, et vingt fois les cris de Stéphanie le rappelèrent.

Le voilà maintenant scellé en place et pétrifié par l'assaut d'une nuée de fantômes échappés de la cabane, félicités éplorées, souvenirs navrants du foyer, qui passaient, passaient, expulsés de la vie, et lui sanglaient en passant une mourante caresse et s'allaient abîmer après dans un gouffre où il se précipitait en rugissant, lui, sa famille, le monde entier avec son éternité d'espérances. Puis tout à coup tout son être physique s'amplifiait jusqu'aux vastes proportions de sa pensée pour en appréhender les douleurs immenses.

Trois existences, sans âge ni sexe, fondues en un corps, en un cœur pour se déchirer et se dissoudre en bloc. D'un côté, un enfant mangé par les loups, des morsures, des tortures, des cris caressants et désespérés, de petits bras tendus et des regards à fendre le marbre; de l'autre, les étouffements de l'enfantement, les brisements d'entrailles, les vagissements d'un nouveau né; des membres nus et pantelants sur la glace et le givre. Et les loups arrivant à la curée, les loups, les loups par l'odeur alléchés. Puis, au lieu d'une fille-enfant, c'était une jeune fille couronnée de splendeurs de l'adolescence, et qui jetait à son père, à travers le sang et la rage, toutes les caresses de l'intelligence et de l'amour. Puis, au lieu d'une mère en travail, c'était une jeune femme redevenue amante et vierge, et jetant à son fiancé, à travers le sang et la rage, la primeur de ses matinales illusions. C'était la fille, c'était l'épouse, c'était la mère, c'était l'enfant, c'était le père: un être complexe et puissant, qui résumait tous les déchirements de ce moment formidable; qui étouffait, qui gémissait, qui enfantait sur la neige, qui se brisait sous la dent des loups. — Mordez, mordez à l'arbre de science; voulez-vous manger des gaudes? — Qui s'appelait lui-même à son secours, et qui ne pouvait pas se répondre, et qui se tordait de douleur, comme le granit qui se fond en lave.

Et ces fantômes, ces fureurs, ces détresses, ces agonies désespérées, ces tendresses navrantes, ces illuminations d'espérance et d'amour, ces trois existences avec toutes leurs phases, se croisaient, se mêlaient, se heurtaient, tourbillonnaient comme une trombe vertigineuse dans la pensée du crucifié. Arbre du Calvaire, qu'as-tu donc dû porter pour expier les abominations de l'orgueil et du despotisme! — Se mêlaient, se battaient, se repoussaient dans un seul être souffrant avec l'effroyable accompagnement de ce bataclan d'enfer qui grandissait toujours. Son âme extravasée le laissait défaillant; il suait sa vie. Mais nous y voilà! *Quand on a tout perdu, quand on n'a plus d'espoir*. La flamme d'Oreste lui monta à la tête et le suffoqua. *La mort est un refuge*.... et il s'épanouit d'aise à l'image de la destruction subite de sa famille. — Oui, je vais la tuer et je me tuerai après, et je tuerai l'enfant, et tout sera dit. — Et sous l'assaut du suprême désespoir, il prit la rigidité cadavéreuse des voyageurs qui meurent debout, gelés et inhumés dans les neiges. — Un coup, deux coups de poignard au cœur.... Oh! mais c'est qu'il ne faut pas la manquer du premier coup, faisait-il, tout pantelant, tout frémissant ; car à l'idée d'un cri, d'une plainte poussée par la victime, pendant l'exécution, tout son être rebroussait avec une horreur!.... Et tout écumant, tout effervesçant de fureur, il cherchait en lui-même comment il pourrait fondre sur la victime, pour la plonger d'un coup de vie à trépas sans douleur et sans transition. Que n'avait-il la puissance du tigre pour briser d'un coup, sous sa dent, ces destinées adorées qu'il eût voulu abriter et vivifier dans les entrailles!

L'instant d'horrible hallucination, durant lequel s'élabora dans sa pensée son projet funèbre, avec la rapidité d'une explosion volcanique, fut un de ces moments que la parole est impuissante à traduire. Il rentre dans la cabane, il tire son couteau ; il rentre, il examine son arme : la lame est bonne , le cran solide. — Et nous profiterons des grandes tranchées qui ne tarderont pas..... non........ à ce mot, un cri le traverse de part en part comme une langue de feu... — elles reviennent !..... — Nouveau cri. — Soutiens-moi, soutiens-moi, je crois que je meurs.......— Un coup de fouet arrête Raymond. Il colle l'oreille à terre... un bruit grouillant de grelots bruissait comme au fond des enfers. Mais un nouveau claquement de fouet se fait entendre; — la diligence ! cria Raymond. — Elle était au bout de la côte. — Notre salut, soupira la résignée. — Elle est là, à mi-côte, dans trois minutes ici, dans vingt à Salsène : lève-toi, lève-toi ! — Stéphanie ne bougeait pas. La diligence arrive au trot et passe au galop. — Une place ! cria Raymond. Tout le monde dormait. Il court, il devance les chevaux. — Une place ! une place ! pour une personne qui se meurt !... Le postillon arrête.— Plein jusqu'au comble ! fait le conducteur ; voyez si quelqu'un veut se gêner. La portière du coupé s'ouvre. — Messieurs, une femme ici près meurt de froid sur la route, permettez, de grâce, qu'elle se place à vos pieds. — Mais gardez donc vos quinze degrès Réaumur, fit le voyageur de droite, en refermant la portière; je sens une arome de Robert-Macaire, ajouta son compagnon de gauche. La portière de l'intérieur s'ouvre.— Messieurs, une femme est là qui meurt de fatigue et de froid: au nom du ciel, je demande une place! — Eh mais!... eh si!... — Le père Ventrilard va dégringoler pour faire route à pied, en battant des ailes de pigeon, fit une voix goguenarde en éclatant de rire. Un sifflement de la brise acheva la plaisanterie. Chacun se rencogna dans son n°, se dorlotta dans son manteau, se reconforta dans son confortable; le républicain attendit en vain. — Dépêchons, fit une voix rude et impatientée; quelqu'un veut-il céder sa place? une, deux..... je mets le rhume à la porte. *Par pari*, dit l'évangile de l'égalité.

Raymond avait fait le coup de feu contre la charité; la charité lui rendait les poires au sac. Il mesura trois fois la distance qui séparait les deux roues pour s'y précipiter. — Partout ce qu'il y a de chrétien et de civilisé en France, je demande secours pour une femme en couches, cria le désespéré, de cet accent étranglé de sanglots qui trahit une détresse arrivée à son paroxisme. Le Dieu du droit et de l'égalité n'avait pas répondu : son chargé de pouvoir ne se fit pas attendre. Du haut de l'impériale un homme s'élance à plein corps, un second le suit, puis un troisième : ils descendirent cinq avec un gamin. — Qu'y a-t-il à faire?—Pendant que les ouvriers préparaient un brancard avec des branches d'arbre et un manteau, un d'entre eux les devança pour porter des secours à l'enfant laissée dans la maisonnette, et qu'on trouva sommeillant, sous la garde de l'abbé Bérosse, un des membres du clergé de Verlame. Etait-ce la fille du Christ ou la muse d'Homère, qui l'envoyait ; la charité ou le repentir? Qu'importe! le métal qui passe au creuset n'en sort-il pas toujours plus limpide.

Exposition socialiste. — Préliminaire. Drame sur les ruines de Rome.

FRAGMENT.

Tant qu'Albert avait possédé le strict nécessaire, — panem nostrum — il s'était trouvé le plus riche propriétaire de France et d'Italie. Logé avec son bagage de songes dans un galetas d'où la vue embrassait toute la campagne de Rome depuis les horizons chatoyants de l'aurore jusqu'aux lointains de Civita-Vecchia noyés dans la pourpre et l'or, il voyait palpiter dans le splendide cadre des horizons romains les fastes éclatants de l'histoire. Il voyait toutes les richesses du vieux monde social drapées de génie et de lumière, promenées dans le panorama de la Ville Eternelle, au souffle de cette muse chrétienne par qui rien ne meurt. *Ossa arida, dabo vobis spiritum,* etc.; et de ces choses le poète, comme l'abeille, tirait sa gloire et son génie.

Une heure de contemplation sur les perspectives cosmopolites de la villa Adriana ranimait dans sa pensée le mémorial immortel de la civilisation antique avec toute la splendeur et la variété de ses souvenirs : ses gloires, son génie, sa vertu, ses fêtes riantes, sa formidable égalité, avec la beauté de ses olympes, la profondeur de ses mystères, la pureté rayonnante de ses formules artistiques et toutes ces célébrités impérissables, hommes et choses, qui palpitent et refleurissent au milieu de nous, au souffle de la muse moderne, dans nos cités, nos musées, nos théâtres, la lyre à la main, ou brisant leurs chaînes, comme le révolutionnaire des Tuileries, ou l'épée droite, comme les républicains de David; attendant l'invasion du monopole aux thermopyles de la liberté, *Sperchius que et virginibus bacchata lacænis...*

Ensuite il plongeait à tire d'aile dans ces couchants empourprés de la mer où semblaient déployées toutes les pompes des Césars. Il revoyait dans ces lointains fastueux les évolutions triomphales des légions romaines : et retrempant son rêve au milieu de ces scènes de grandeur, il chevauchait sur des nuages d'or, vers l'immortalité, à la suite des maîtres du monde.

Malheureusement le mince filet d'eau qui nourrissait le génie et les fructifications du poète tarit complètement. Soultre et madame de Farnèse, détenteurs de son patrimoine, lui refusèrent la vie.

Dans un accès de désespoir , Albert partit pour s'aller précipiter dans le gouffre formé par les cascades de Tivoli. Un coup dont il fut frappé sur la poitrine l'arrêta. C'était le portrait de Délie suspendu à son cou et qui, dans le désordre de ses vêtements et la précipitation de sa course , avait battu contre son sein.

Avec sa paupière demi-close et la pureté métallique de ses profils, la jeune fille semblait sommeiller sur son cadre d'ivoire, bersée dans la tempête par la secousse des éclairs. Rallumée tout à coup dans l'âme du poète par le contact de Délie , au milieu d'une trombe d'amour , la vérité chrétienne rattacha sa pensée par toutes les formules du beau qui l'avaient nourrie à cette chaîne vivante de la chevalerie, vérités de chair et de sang, par qui fut déposé au seuil des lumières modernes le symbole des arts et de la foi.

Et pesant sur son intelligence par le double témoignage de l'esprit et des sens, elle l'arracha, après une lutte violente , à la fatalité du désespoir par la fatalité de la foi. Nous notons ce fait parce qu'il se rattache à la pensée philosophique d'un drame dont nous ne conservons que la pensée et le cœur pour montrer les coups de poignards qui menacent aujourd'hui la liberté.

C'est au bout de son drame, dans une hallucination de génie et de foi, qu'Albert vit se dérouler devant lui les secrets de la destinée sociale, sous la forme d'une synthèse vivante qui résumait le long travail du progrès humain depuis les rudiments des sociétés naturelles jusqu'aux sommets extrêmes de la civilisation. Nous avons traduit en exposition cette partie du drame.

Culte naturel. Loi philosophique de la liberté

La liberté en principe est une lumière, un ensemble d'instincts, de notions et d'idées qui fixent immuablement dans l'homme les caractères du bien et du mal. Cette lumière devient force à fur et mesure qu'elle inculque ses attributs à la matière qui lui sert de logement et l'associe aux harmonies essentielles de l'intelligence. La vie de l'intelligence est active, car c'est par le travail que l'homme dompte la matière au lieu d'en être dominé; régulière, car c'est dans le calme et la régularité qu'on jouit; générale et sympathique, car il n'est pour l'homme de joyeux banquet que celui de la fraternité.

Quand ces trois lois fondamentales de l'intelligence réalisées par les sens disciplinent les actes matériels conformément à l'harmonie intellectuelle, de manière à laisser rayonner le verbe invisible, à travers le prisme où il est emprisonné, et que la matière ne pénètre dans l'homme que pour la satisfaction du besoin légitime ; il y a synthèse en lui et liberté, parce qu'il y a unité, ou équilibre. La tentation l'effleure; mais arcbouté par les leviers divins qui, dans toutes les parties de la création, soulèvent sa pensée vers l'infini, le contact des passions le touche sans l'ébranler. Il voit la volupté lui sourire, dans la personne de la beauté captive, et pour vaincre, il n'a qu'à détourner les yeux, comme Scipion. Des monceaux d'or braquent sur lui leurs aiguillons, — *irritamenta malorum*, — Et sans sourciller, il rase avec ses passions endormies, cet inextinguible brûlot, que nous avons vu naguère faire sauter la compagnie Gouhenans, et jeter deux pairs de France et deux milords dans l'ossuaire de la mort civile.

Le calme de son âme respire dans l'harmonie de sa personne; la sérénité de son cœur se réfléchit dans la limpidité de son regard. Son œil, accoutumé à jouer dans les courbes célestes, sa face épanouie aux scènes déroulantes de la création, sa démarche cadencée sous l'instrument du travail, comme sous le balancier de la liberté, donnent pour parure à son intelligence, les richesses des quatre saisons; et toute sa personne déclare le maître de la terre : *incessu patuit.*

Mais l'intelligence, constituée avec un élément passif se ressent des influences qui pèsent sur celui-ci, et ces influences sont de deux natures : 1° les lois actives, régulières, générales de l'univers; 2° les lois passives et aveugles, irrégulières et casuelles, isolantes et fatales de la matière humaine altérée. Les premières pénétrées de l'intelligence divine dont elles rayonnent les attributs, offrent à l'homme le double principe de l'ordre universel; ordre latent et visible, la vie de l'âme et du corps, l'idée et la forme ; ou pour mieux dire la source commune des idées sociales, et le formulaire universel où la pensée doit puiser les formes qui les réalisent. Les secondes, nées des corruptions de la vie, incarnation des erreurs et des passions, forment autour de l'homme ce monde invisible de la tentation, cet ensemble d'influences délétères qui deviennent principe nécessaire de désordre par la permanence de leur action sur les sens.

Nous avons à combattre non seulement des hommes de chair et de sang, mais encore des esprits de malice répandus dans l'air. (*Bible.*)

Ainsi par exemple, qu'un homme soit élevé dans les engourdissements du sérail, à vingt ans il sue la polygamie par tous les pores. Transportez un collégien dans les coulisses de l'opéra avec un portefeuille chargé d'or; quelques mois passés, que trouvez-vous? au lieu d'une jeunesse en fleur d'avenir, une précoce décrépitude. Ce gastronome, ce libidineux, ce dissipateur dont la matière allèche les sens, dont le cœur allèche le crime, autant de volontés tourmentées par le magnétisme de la sensualité, et promenées sur la mer de la fantaisie humaine par les quatre vents du mauvais désir : libertés garrotées à la glèbe des passions dont elles traînent la chaîne et portent le cachet.

Cet air farouche, ce front plombé de soucis, ce regard dardé comme un pieu, cette démarche lancée comme une pierre, cet ensemble de mouvements violents et saccadés, comme le train d'une machine, est-ce là l'appareil du souverain de la création et le contemplateur de l'infini ?

Où est ce front sublime qui fut fait pour réverbérer le ciel, *cœlum tueri*? Dans cette face tendue ou grincée comme une peau de chagrin, voulez-vous que je reconnaisse le prisme vivant où devaient se jouer les harmonies du monde visible, et rayonner les clartés de l'astre intérieur? Mais cet homme d'armes, dont l'existence remplie et disciplinée comme le mécanisme d'une horloge, ne laisse aucune fissure aux tentations de l'oisiveté ; ce philosophe de charrue, engrené dans la mécanique céleste par toutes les fonctions de son existence, ses travaux, ses désirs, ses besoins divers du corps et de l'âme qui lui donnent, dans la satisfaction de ses nécessités morales ou matérielles, le ciel pour tenture, la terre pour banquet; pour échanson, les nuages, et le soleil pour appariteur ; ce prêtre chrétien, immortel Antoine, cramponné à son autel au moment de la tempête, et contre les tentations milli-formes d'une vieille civilisation qui tourbillonne autour de la pensée, cherchant des armes dans le formulaire universel de la vie du Christ; discipline extérieure, combinée avec la loi de l'intelligence; harmonie et synthèse par l'élimination de la matière. Voilà la vérité humaine, l'harmonie complexe, le verbe incarné.

C'est la nécessité de cet ordre extérieur, comme élément de l'harmonie humaine, qui arrache cette menace à la sagesse évangélique : malheur à celui qui fait le scandale! Et c'est aussi là la raison de ces lois inexorables qui punissaient de mort, chez les grecs et les romains, les scandales publics, quand ils émanaient du pouvoir : le magistrat ivre, la vestale adultère, etc.

La philosophie était l'accoucheuse des intelligences; autrement dit, un moule vivant qui recevait la liberté en fusion, pour lui restituer ses forces premières. Où cherchons-nous les plus grands philosophes de l'antiquité? est-ce dans les rangs des ergoteurs célèbres? Socrate n'a rien écrit, et plane sur toutes les renommées de ses descendants et de ses ancêtres : d'où lui vient ce privilège? Il déroba le feu du ciel et le montra rayonnant dans sa personne ; ce fut toute sa puissance, et le secret de sa destinée.

Livrée à l'attrait sensuel, la vie s'extravase en lave polygame et panthée, en aspirations stériles et brutales, et quelquefois éclate en fumée et en sang sous la pression du désespoir ; disciplinée par un travail actif, c'est-à-dire ordonné avec les lois vivantes de l'univers, et qui appelle incessamment sur l'homme le rayonnement du foyer divin ;

Périodique et régulier, qui découpe le temps dans la mesure des évolutions cosmogoniques, marquant d'avance toutes les étapes de la vie, depuis l'horizon de son aurore, jusqu'à celui de son couchant ;

Exercice général, c'est-à-dire ordonné avec les besoins communs des hommes, et qui ne présente pour but à leurs désirs que des biens accessibles à tous ; l'intelligence, pondérée par cet ordre extérieur, comme le sang humain sous la colonne d'air qui le presse, conserve toute sa force pour soulever la glèbe qui l'emprisonne ; tandis que les sens, non sollicités par des nécessités délétères, et lentement combinés avec l'harmonie extérieure qui les emboîte, permettent à la pensée de jeter toute sa sève par les fructifications du génie et de la vertu.

La liberté a son principe dans l'homme, son point d'appui au dehors. Elle ne fut pas armée pour triompher en toute rencontre ; nous voulons dire pour surmonter toujours et partout les influences qui, par l'altération des sens, réagissent sur la pensée, mais pour composer le milieu social où l'homme n'est frappé que d'influences régulières. L'intelligence prévoit : elle embrasse les cycles divers dont se compose l'unité temporaire ; et, chargée d'orienter la volonté à travers ce monde invisible de bons et de mauvais génies qui peuplent les zônes où elle prendra vie, elle a devoir d'obvier à l'imprévu, de choisir d'avance son chemin et ses compagnons de voyage, d'opposer les uns aux autres, soit dans le présent, soit dans l'avenir, les fantômes qui pressent dans le for intérieur, les ressorts de la volonté, pour combattre le mal dès son origine et avec des armes égales. Voilà la tentation, voici la résistance :

les blandices d'Hélène, les chastetés d'Andromaque; les turpides allèchements du sérail, les félicités austères du foyer. Mais d'un côté, c'est une vie de force et de fécondité, un rayonnement de bonheur et de sympathie, et toutes les vertus consanguines du foyer foisonnant autour d'une existence honorée qui grandit par l'amour en déclinant par les sens. De l'autre, c'est une destinée solitaire qui traîne dans la fange, comme une bête de proie, le trait qui l'a frappée, laissant sur son passage une vapeur de putréfaction.

C'est là, dans le for intérieur, quand la pensée sans contact sensuel avec les principes du désordre, et conséquemment à l'abri des nécessités matérielles qu'entraînent les influences délétères, conserve toute sa force et sa liberté, qu'il lui appartient de lutter, *intus et in cute*, et de constituer dans l'homme par la combinaison de l'idée avec sa forme normale, la première incarnation du Verbe; cette disposition physiologique qui porte le crime ou la vertu, comme le nuage, la grêle ou la rosée; cette harmonie individuelle et préalable dont l'acte extérieur et social est le corollaire rigoureux. De ce premier travail, de ce premier combat de la liberté, dépend sa victoire. Et voilà la raison de cet axiome de philosophie universelle confirmé par la religion : *principiis obsta*.

Mais le rayonnement du phare intérieur, principe de la communauté sociale étant susceptible de s'altérer dans les tempêtes de la vie, il faut à l'intelligence un point de repère qui marque l'anneau central et le foyer où convergent toutes les chaînes des idées. Mais les proportions de l'argile vivante, les formes de l'égalité naturelle, instrument de la communauté sociale étant susceptible de la détériorer sous les coups de lame du grand océan des passions où le souffle de l'infini la promène, il faut à l'homme, contre les nécessités matérielles des passions, un point d'appui de même nature qu'elles, c'est-à-dire, extérieur et matériel : une forme centrale et immuable où le principe actif de l'homme, — l'esprit, — puisse ramener son principe passif, — la chair, — pour lui restituer dans ce moule commun, les harmonies de la synthèse humaine.

Or, il n'y a d'universel et d'immuable que ce qui vient de Dieu. Donc la liberté a pour principe un dogme capital : l'unité divine ; et pour instrument général un culte, un ensemble de formes issues de ce dogme même, imprégnées de ses attributs, et lesquelles, concourant avec l'action interne du principe intelligent, accoucheuses universelles de la raison, impriment à l'effigie humaine, l'harmonie et la généralité des idées, c'est-à-dire, l'empreinte de Dieu.

Astre générateur de la végétation sociale, où sa lumière manque, tout est ténèbres et chaos ; l'art ne fleurit pas, la vertu est un accident, la liberté une anomalie, il n'existe point de pensée publique, et l'histoire sans souvenir et sans aspirations, n'est qu'un flux languide et muet, comme ce torrent bourbeux des enfers qui ne réfléchit aucune image de la vie. (1) Là, au con-

---

(1) Ainsi les Turcs, les Tartares, les Chinois ; les Arabes font exception, mais l'Arabe inoculé de Dieu par le contact d'Ismaël et rattaché par la fibre patriarchale à la grande artère des traditions bibliques, ne ploie pas la tête sous la coupole de plomb du fatalisme Mahométan. Le Turc ne

traire, où l'image divine fortement dessinée sur la coupole du temple national, voit sa lumière réfléchie par un symbolisme qui en répète les attributs, le fluide divin absorbé par les masses, féconde les couches les plus profondes de la pensée publique ; et par les lois, par les arts, par les vertus publiques et privées, déploie cette magnifique fructification de génie et de gloire qui fait de l'histoire des peuples fameux de l'antiquité un rayonnant panthéon.

L'homme n'arrivant à la perception de Dieu qu'à travers les merveilles risibles de la création ; le formulaire universel de la vie humaine, ou

---

voyant rien hors de Mahomet, en qui se centralisent ses confuses théories, l'octroi qu'il en a reçu d'un dogme religieux le place dans les conditions d'esclavage et de fatalité des peuples anciens. Tandis que pour les arabes, la religion de Mahomet n'a fait que donner un antre visible à la foi qu'ils possédaient déjà. Enfant du désert, d'ailleurs, et résidant de l'aurore, l'arabe porte en lui des germes d'art incessamment fécondés par les reflets de son orient et par le mouvement de sa vie nomade ; laquelle, en l'éloignant de la vie civile des Turcs et du méphitisme moral qu'elle engendre, le laisse flottant toute sa vie, sous l'empire et les influences des harmonies naturelles.

le type du culte primitif, c'est le monde : *Cœli enarrant gloriam Dei.*

Sous l'incubation de la formule céleste, l'homme aspirant l'idée divine avec les éléments qui l'environnent, ordonnant ses travaux avec le culte des champs, ses besoins avec les productions naturelles ; distribuant son temps et ses forces d'après les phases du monde sidéral, qui en règle le mouvement parallèlement à sa marche, emboitant dans ses divisions, comme dans les écluses d'un canal paisible, le torrent de la vie pour établir l'unité dans son cours ; l'homme, disons-nous, épanouit librement son organisation sous l'influence et la direction des harmonies naturelles ; sauvegardé contre les nécessités casuelles et fatales des passions, par les nécessités intelligentes qui le pressent.

Comme le soleil verse à tous le génie et la fécondité, sa main s'ouvre, aux besoins de tous ses semblables, pour continuer sur les faibles l'invisible paternité de Dieu. La société vient-elle à défaillir autour de lui, il en retrouve le principe et le fonctionnement dans la mécanique céleste, dans le commerce des éléments, dans l'échange et la succession de leurs phénomènes qui présentent à la liberté un levier vivant contre toutes ses faiblesses.

Ainsi, dans les longueurs de l'oisiveté, il a pour auxiliaire l'activité de l'ensemble cosmogonique qui l'entraîne dans ses harmonies; aux tentations de l'avarice, il oppose cette universelle expansion de vie qui coule par tous les pores de la providence. A-t-il au sein le bouillonnement noir et scorieux de ces passions funestes qui n'osent pas affronter le jour : qu'il traîne ses fantômes au grand soleil; qu'il cherche le rayonnement divin, ou les sérénités sublimes de la nuit, aux purifiantes rosées. C'est l'absorption, l'incarnation lente et la réflexion par les sens de l'ordre extérieur et typique, dont l'homme voit le modèle autour de lui dans le grand formulaire du monde, qui constituent le travail et la conquête de la liberté. Alors ses facultés internes, manifestées par la végétation corporelle, réalisant généralement l'unité des idées par la similitude des formes...... *facies non omnibus una, non diversa*.... composent la grande famille sociale de toutes les familles individuelles, retenues autour du même foyer par des orbites concentriques.

Deux natures diverses : esprit et matière, double cause de désordre, ordonnées avec un double principe d'ordre général, un et complexe ; telle nous paraît, autant qu'il nous est permis de fixer notre pensée sur ce radeau de la Méduse, la loi philosophique du culte naturel. Les formules puissantes de l'art, les vertus mémorables de la démocratie antique ont puisé dans le culte de la nature, leur sève robuste et leur fraîcheur, leur draperie monumentale et leurs intarissables fécondités. Et s'il reste encore au type humain dans la dégradation générale des formes quelque trace de noblesse et quelque vigueur, il faut les chercher dans les rudes et salubres populations des campagnes. (1)

(1) A part la population agricole, il en est une autre qui porte fièrement le signalement de l'homme, *os sublime*, c'est l'ouvrier des villes. Chez l'ouvrier, la vérité humaine vient toujours de sa source, le formulaire divin ; mais elle n'en est pas le produit direct. Ce n'est pas le monde réel, c'est le monde poétique qui en est le principe : nous voulons dire les éléments épars de civilisation qui remplissent notre milieu social.

Dans son essence, le culte philosophique est universel et immuable, puisque le panorama céleste fournit éternellement à la pensée le type du beau et du vrai; mais il est individuel, parce qu'il n'existe que par une aspiration incessante de l'homme vers son âuteur, et par l'effort personnel de la liberté, chose incommunicable, dans les rapports d'homme à l'homme : il est fatal, parce qu'il fait de la foi divine la conquête du génie ou l'héritage du berceau.

Liberté pour explorer le monde; droit de propriété pour s'approprier le double élément de l'ordre visible et latent; égalité, principe répondant de l'unité divine : sur ces trois bases repose le culte philosophique ou primitif qui ne fleurit puissamment que dans les contrées physiquement constituées pour les arts. *Abstinence et patience* pour arriver par l'élimination de la matière au triomphe de l'idée; contrôle réciproque pour arriver par l'édification mutuelle à la réglementation des mœurs; telle est la loi disciplinaire et la haute formule du culte naturel. Le défaut capital du culte philosophique tient à sa nature même. L'immensité du panorama ou la pensée plonge pour saisir à vol de génie le rayonnement des attributs divins, la submerge ; et les vicissitudes du monde physique, témoignage d'une première déchéance achèvent de l'affaisser. — *Vil jouet de l'air et des saisons, le ciel couvert ou serein, le soleil ou les brouillards régleront sa destinée, et il sera content ou triste au gré des vents.* —

(J. J. Rousseau.)

Vérité cruelle et sans figure, car elle exprime un mal de l'âme inexorable en ces temps d'aridité religieuse et d'égoïsme, où le doute et l'impiété nous inspirent si souvent le sacrifice de la vie. Car Dieu voilé dans le monde terni, le levier manque pour arracher la philosophie aux gouffres du désespoir où elle finit trop souvent par s'engloutir, malgré ses sandales d'airain.

Par lui-même le culte philosophique n'est donc pas social ; il n'est pas susceptible d'être appliqué aux masses, puisqu'il dépasse la taille de l'égalité. Voilà pourquoi la formule universelle du culte naturel ne se montre nulle part dans l'antiquité ; voilà pourquoi les cultes nationaux ne furent pas un produit spontané des idées des masses, mais l'œuvre d'un génie puissant qui emboitait la pensée publique dans la sienne pour la discipliner : ce qui le prouve, c'est qu'au fond de toutes les antiquités brille un grand nom, ou une vérité générale.

Pour devenir loi sociale, le culte philosophique était obligé de descendre de la montagne et de prendre des proportions et des apparences accessibles à la raison du vulgaire. C'était la paternité du génie tendant la main à la liberté.

Un symbolisme emprunté au panorama universel pour allumer à la portée du vulgaire le luminaire divin : *unus Deus* ; une discipline coactive, répétant sur le mécanisme humain l'action régulatrice des harmonies naturelles ; la nature, dans ses phénomènes généraux, changée en famille céleste ; le temps divinisé dans toutes ses évolutions, comme pour encadrer toutes les phases de la vie sous le regard et la présence de la divinité ; le droit et l'égalité, garantis par l'hérédité des professions et par des lois somptuaires ; la moralité publique et la solidarité garanties par le contrôle réciproque, la base philosophique de la liberté; le contrôle moral érigé en fonction publique sous le nom de censure, ou imposé comme un devoir, aux citoyens; un système de lois préventives qui réalisaient pour les masses la haute fonction censurale de la philosophie, et engrenaient tous les membres de l'Etat dans les rouages du programme philosophique : telle est la loi politique du culte naturel. La vie des anciens était une végétation de la pensée, qui rencontrait en grandissant, âge par âge, un ensemble de formules où elle contractait cette égalité matérielle et rigoureuse, qui fit à la fois la misère et la grandeur de l'antiquité.

Trois vices d'origine frappaient de déchéance les cultes naturels.

Vice religieux : impuissance de l'homme pour manifester l'idée divine par un culte en harmonie avec elle, c'est-à-dire, immuable et universel. De l'imperfection du symbole qui réverbérait les attributs de Dieu, résultait l'imperfection du code qui les dogmatisait. Pour retrouver le code complet de la loi naturelle, tel qu'il a été crayonné par le doigt divin sur les tables de Moïse, il faut jeter à l'alambic toutes les constitutions de l'antiquité, et les y purger des vices qui les défiguraient; car dans chacune d'elles dormaient des monstres qui finissaient par absorber tout ce que la sagesse y avait déposé de sève divine, et convertir au profit des passions, les dévotions publiques et la force politique qui en résultait.

Vice philosophique : impuissance ou stérilité du repentir. Par cela seul que le dogme divin était une conquête du génie, rien de plus naturel à la faiblesse humaine que la prétention, de la part du chef de l'Etat, de s'élever au-dessus du principe religieux, pour substituer sa personnalité à l'invisible souveraineté du sanctuaire. Or, s'*il est impossible de coucher dans le lit d'un roi sans devenir fou*, selon l'opinion de Bonaparte, monter sur le piédestal de Dieu est sans doute un plus grand danger de vertige.

Vice politique : empruntés au sol et au climat, les cultes naturels en répétaient les diversités et les contrastes. Et tous ces prismes religieux, trempés dans les harmonies locales, brisant l'unité divine dans leur rayonnement social, dérobaient à la raison du philosophe le sentiment de la personnalité humaine, et à l'intelligence des peuples le sentiment de la fraternité. Voilà pourquoi la philosophie antique, encastrée dans les horizons d'un culte national, n'a jamais dégagé sa formule générale.

Autant de peuples, autant de cultes divers. Là, prenaient source les divisions et les préjugés nationaux qui partageaient l'antiquité en policés et barbares. De là resultait encore ce contraste que les rêveurs de ce temps ne seraient pas éloignés de réaliser ; c'est que les cultes nés philosophiquement de la liberté, politiquement étaient imposés par la loi.

Le symbolisme puisé par le génie dans le livre du monde, changeant dans les mains de l'homme de nature et de caractère, n'était plus, en tant qu'institution sociale, qu'un octroi du génie ; le vrai souverain vivait d'octroi. Droit civil, égalité, liberté ; tous les principes de la personnalité et de la souveraineté politique n'étant pas pour le peuple un rayonnement du foyer divin, n'avaient pas leurs racines dans l'intelligence nationale, mais dans un fait casuel que le législateur primitif avait pénétré de sa lumière; dans cette uniformité de mœurs et d'idées existantes au point de départ de l'association, chez une poignée d'hommes sans besoins et sans idées complexes, qu'une volonté puissante avait réintégrés dans la science divine et morale.

Et cette connaissance sociale, incorporée à l'état matériel et primitif de la société, subissait toutes les vicissitudes d'une situation fatale, incessamment battue en brèche par des passions irréfrénables sous un ciel sans repentir, et menacée de renversement général par les guerres internationales dont la diversité des cultes était un foyer permanent. La communauté religieuse manquant chez les anciens, il n'y avait pas de droit des gens; et la guerre toujours inexorable, frappait naturellement sur ce que l'homme avait de plus précieux. La conquête qui livrait sa personne à la force, plongeait ses idées dans la fatalité.

Le culte détruit, les formes de la liberté absentes pour un peuple, le rayonnement de sa pensée ne trouvait plus le chemin de l'infini, et l'homme moral se sentait mourir. *Pontum adspectabant flentes....* auraient-elles jeté aux flots ces regards lamentables, les exilées de Troie, si, comme les filles du Christ, s'embarquant pour les antipodes, elles avaient trouvé par la foi, sous le symbole du calvaire, une immortelle patrie?

L'homme séparé de la présence divine et sans instrument de réhabilitation, — principe de fatalisme philosophique; —l'homme soudé à l'homme par la religion octroyée, et englobé dans la pensée centrale par le culte public, — fatalisme politique, communisme, esclavage. — Dans l'ordre de la politique naturelle, l'élément moral de la personnalité était subordonné à son élément matériel; l'intelligence protégée par la matière, la souveraineté divine arc-boutée par la souveraineté humaine. Toutes les misères de l'antiquité sont là.

La loi fondamentale de la religion, c'est que la forme soit en rapport avec le principe, le symbole avec le dogme : immuable et universel comme l'idée divine. Le culte philosophique est basé sur cette harmonie. Quand le philosophe cherche son Dieu dans le cadre céleste, il voit toujours sa main dans ses ouvrages, et l'ascension de l'infini est toujours permise aux enjambées de la philosophie. Quand les citoyens de Rome ou d'Athènes cherchaient leur foi, leur loi, une vérité morale, religieuse, sociale dans ces fantômes théogoniques en qui le génie avait primitivement personnifié les attributs de Dieu, que voyaient-ils ? Un Jupiter adultère, un Mercure voleur, une Vénus impudique, un Olympe de monstres pétrifiés qui pesaient sur la pensée publique de tout le poids des débauches divines : obstacle immense qui écrasait la foi naturelle au cœur des masses, et brisait dans les mains des gouvernements le levier de la réforme, en dérobant aux peuples, avec l'idée divine, le foyer générateur de la liberté et le principe de l'initiative réformatrice. Aussi les révolutions politiques sont-elles un phénomène inconnu dans l'antiquité, dont la destinée fut une décadence continuelle, une débacle de symboles tombant l'un sur l'autre, empire sur empire, comme un jouet d'enfant.

Comme les cultes naturels traitaient les passions humaines en frappant sur leur effet extérieur, il leur arrivait de manquer leur coup ; et de trancher dans les fibres du cœur, au lieu d'extirper la corruption; témoin cette discipline brutale qui endurcissait les mères de Lacédémone; ou de ravager les plus hautes floraisons de la pensée, comme ces religions inexorables qui brisaient les artères de la fraternité humaine aux pieds d'un autel arrosé du sang des étrangers.

Enfin, le culte philosophique laissait dans l'ombre la constitution primitive de l'homme, et tout l'effort de la sagesse antique ne dépassa point cette découverte de Platon : je trouve en moi deux natures diverses, fange et lumière, et que l'harmonie de mon être résulte de la subordination du principe mauvais. Mais la loi snprême de la trillogie humaine, *physique, intellectuel et moral*, mais le rapport hiérarchique de ces trois puissances pour la constitution de la synthèse humaine; mais le point d'appui universel de la liberté, le moule commun de l'égalité démo–

cratique ou naturelle, ni vu ni connu. Et par ainsi la vertu des anciens n'était pas une floraison spontanée et complète de la liberté, une intelligence émergée de la glèbe par sa force intrinsèque avec toutes ses beautés élyséennes, mais accouchée par la main de la philosophie, qui avait besoin de lui façonner le crâne, et qui, malgré toute sa science, donnait plus souvent au monde des Néron et des Alcibiade, que des Marc-Aurèle ou des Phocion.

Forcée d'appuyer son levier sur un terrain tout bouillant de superstitions, la liberté naturelle avait chez l'homme politique quelque chose de farouche et de rocailleux ; exemple : les Spartiates et les vieux Romains; le flanc taré ou la phtysie au sein chez le philosophe, comme un beau vase fêlé, ou un fruit piqué des vers. Ainsi Platon avec ses polygamies, Aristote avec ses servitudes, Sénèque avec ses courtisanneries qui ne le sauvèrent pas de la mort. Considérée dans les nationalités célèbres c'était un colosse aux pieds d'argile, avec un polype au cœur, l'esclavage; et dans les hautes personnalités qui jalonnent l'histoire, elle fait l'effet d'un placage d'or sur un carton-bronze, d'un vêtement de marbre sur une muraille de pisé. L'enthousiasme lui fatiguait le cœur; la grandeur du succès lui donnait le vertige; le poids de l'empire lui brisait les épaules; un effort de magnanimité lui disloquait les os. Alexandre ouvre les bras pour embrasser le monde, et tombe épuisé; César rapporte des Gaules dans ses bagages la liberté du plus vaillant peuple de l'Europe, et il s'en va se faire confisquer son avenir par un coup de poignard qui laisse gravé sur sa tombe le souvenir d'un double forfait: comme pour prouver qu'il n'appartenait pas aux violateurs de la famille, de régénérer l'ordre social. Aristide, qui était monté sur le piédestal de Thémistocle pour faire admirer combien il était juste, se garda bien de l'être deux fois. Content d'avoir escompté au profit de sa renommée la discrétion de son rival, il se garde bien, quand se présente de nouveau l'occasion de prouver sa vertu, de sacrifier une seconde fois l'utile à l'honnête.

C'est que l'égalité, quand elle porte sceptre et couronne, a besoin d'un contrepoids, si mieux elle n'aime finir comme la grenouille de la fable.

Charlemagne chantait au lutrin; Louis 9 couchait sur la cendre; Charles quint, lui, eut besoin de se coucher dans une bière pour se désasphyxier le cœur, *et monté sur le faîte, il aspire à descendre*. Les anciens, qui n'avaient pas nos sept psaumes, qui ne croyaient pas à la vertu de la cendre et ne voyaient rien sortir du tombeau, privés du balancier divin, trébuchaient du haut de leur gloire : non pas seuls, malheureusement, mais en entraînant dans leurs chutes, par les nécessités politiques du culte naturel, les masses attachées à leur symbole. — *La première loi a été abolie comme impuissante et inutile. Elle n'a rien conduit à la perfection.* (Octave de la Fête-Dieu.)

Culte chrétien.

Le christianisme renoua le cordon ombilical de l'humanité avec le sein qui l'avait portée. A ce dogmatisme philosophique qui ébauchait imparfaitement les profils de l'être inconnu, le christianisme substitue un dogme simple et complet qui dessine d'un trait, par la Trinité, la hiérarchie des puissances co-existantes; par l'incarnation, la loi constitutive de l'harmonie des êtres; par la rédemption, la sublimité de la paternité divine dans toute la magnificence de ses attributs. Ici, point de division entre le dogme et le culte, entre le principe et l'instrument de la liberté. La cause se réfléchit dans l'effet; Dieu dans l'homme dont la nature nous est dévoilée dans sa profondeur : physique, intellectuelle et morale; trois ordres de phénomènes inséparables dans leur harmonie, et distincts dans leur rayonnement personnel; hiérarchiques et coexistants comme la triplicité divine, et qui nous offrent : 1° une puissance générale de qui tout émane; 2° une puissance intelligente qui conçoit; 3° une puissance sympathique qui lie; harmonie vivante, opérée par l'incarnation de l'esprit dans la matière soumise et disciplinée. Depuis ce peintre de l'île de Rhodes qui s'enfermait pour composer ses chefs-d'œuvre, sans autre nourriture que des pois-chiches, jusqu'à l'artiste moderne, Mozart, laissant passer devant lui, dans un cabinet du palais royal, toutes les parties de son dîner, sans se distraire de ses ardentes compositions, la loi de l'harmonie humaine n'est pas autre que cette universelle loi philosophique qui palpitait dans le vieux monde, nourricière de la sagesse et des arts ; loi toujours impuissante à dégager de la glèbe la synthèse universelle, faute d'un centre visible qui traçât à la pensée humaine l'orbite de ses évolutions.

Sous le culte naturel, l'ordre arrivait à l'homme par le dehors, comme une pluie du ciel, avec les harmonies qu'il absorbait. L'ordre chrétien, c'est l'épanouissement d'une personnalité spirituelle inoculée à l'humanité. Au lieu de cette discipline extérieure qui frappait sur les pousses frugifères de la liberté comme sur ses drageons, c'est un moule vivant qui, du fond d'une crêche, cherchant avec la liberté le contact de la rosée sur les fleurs, de la brise sur les parfums, appelle à soi l'effigie humaine pour l'envelopper du rayonnement des harmonies trinitaires, et lui rend ses harmonies propres et primitives sous la pression des trois personnes divines rendues sensibles à la raison : Dieu le Père, par la loi d'égalité que rayonne le spectacle du monde ; Dieu l'Esprit, par l'immutabilité des dogmes philosophiques qui dominent l'intelligence humaine; Dien le Fils, par les vertus, les grandeurs, le génie qui prolongent son sacrifice et perpétuent la beauté du Verbe incarné.

. . . .

Il fallait à l'homme un culte en harmonie avec la lumière qu'il devait réfléchir, c'est-à-dire immuable et universel comme l'idée divine, et conséquemment émané de Dieu, pour associer tous les hommes à la possession de la même idée ; mais spirituel, en même temps, et mystique dans son symbolisme, et conséquemment sans action matérielle sur la liberté, pour que celle-ci ne fût pas atteinte. Il le fallait encore aussi humble que l'homme, et par conséquent incorporé avec lui pour que la liberté le trouvât toujours à portée de la main dans les gouffres où elle trébucherait. Rappelons-nous que la manifestation de l'idéal par les sens est l'acte constitutif de la liberté, et qu'il est de nécessité première pour elle que les formules de l'ordre matériel qui sont le point d'appui de son levier existent à la portée de sa main ; car c'est là le terrain où ses racines doivent prendre vie : et que si cette base manquait, les conditions de la liberté disparues laisseraient la providence en défaut. Mais la formule chrétienne étant octroyée, il ne se pouvait qu'elle empruntât, soit dans sa nature, soit dans ses procédés d'application, les caractères de la force matérielle, sous peine de briser les membres de la liberté. Et voilà pourquoi tout est spirituel et mystique dans le symbolisme révélé; tout est grâce furtive et secrète inspiration. Voilà pourquoi encore le type humain du Christ est demeuré dans l'ombre, et comme noyé dans le rayonnement de la personne divine, à ce point, que l'art se demande si l'effigie du Fils de l'homme exprimait la beauté ou la laideur. La formule du beau existe depuis la création dans le thême divin livré aux spéculations de la philosophie. Ce qui manquait à l'égalité, c'était la force pour réaliser le vrai par les sens; c'étaient les ailes d'Icare pour dérober le feu du Ciel; pour saisir dans le rayonnement céleste l'idée divine, le principe du culte naturel qui ne se dévoilait qu'au génie.

. . . .

Il fallait donc que le contact divin inoculât aux humbles d'esprit le principe de la science : l'unité divine; et régénérât de sève immortelle le rachitisme de la liberté que ses quatre mille ans d'épreuves malheureuses avaient jeté sur la litière. Et voilà l'apport du christianisme dans le monde. Il a jeté son dogme, comme un soleil, dans la sphère des idées; il lui a donné pour prisme un symbole sans action matérielle sur les sens; et pour dépositaire, il a donné à son culte une puissance chargée de perpétuer par l'holocauste volontaire l'attribut suprême du rédempteur: l'incarnation dans la pureté, le premier besoin de la liberté déchue. Nous appelons ici à notre aide un témoignage qui ne sera pas suspect de superstition.

Si l'unité fait le beau, la division engendre le laid : et comme le premier mode social de l'égalité c'est l'unité conjugale, le premier mode social de la division, c'est la dissolution de cette unité, ou la polygamie. Ainsi, le premier pas de la liberté pour passer du *moi* individuel au *moi* collectif est à la fois son plus dangereux écueil et l'occasion de son plus grand triomphe. — *Amour tu perdis Troie* : c'est la légende du paradis terrestre répétée de siècle en siècle par l'écho du génie. Cette plainte d'Homère qui ébranle et féconde toute l'antiquité, où a-t-elle pris sa source? dans un adultère. Et cette splendide gerbe de lumière, ces tourbillons de gloire et de génie qui forment l'auréole de l'art chrétien, où est leur foyer? au sein d'une vierge. L'amour est la plus haute expression de l'harmonie humaine et le prototype du beau, à ce point que, *comme matière d'art, il est la grande, la sérieuse, j'ai presque dit l'unique affaire de la vie*, dit Proudhon. *Or, ce qui constitue l'art, la pureté des lignes, la grâce des mouvements, l'harmonie de tous, la splendeur du coloris, la convenance des formes; toutes ces qualités de l'art sont les attributs de l'amour, en qui elles prennent les noms mystiques de chasteté, de pudeur et de modestie. Ainsi l'amour est l'*IDÉAL SUPRÊME *du beau, et la chasteté est l'idéal de l'amour*

. . . .

Le beau absolu était-il connu des anciens? Quant à ce type extérieur et matériel, les chefs-d'œuvre sont là pour répondre: Vénus, Apollon, Laocoon. Mais pour le type intérieur et Raphaélique; le type de Richardson et de Chateaubriand, ce type complet et divin... épanouissement d'une intelligence qui dompte les sens, et lequel se résume: pour le devoir individuel, dans la virginité; pour le devoir social, dans l'harmonie conjugale. Si on le cherche dans l'antiquité, Virgile répond avec sa famille manquée et son chef-d'œuvre tronqué.

Si donc le plus grand travail de la liberté humaine est celui qui l'attend dans la première manifestation sociale de l'égalité, là aussi était la plaie urgente où le beaume divin devait épancher la vie : l'a-t-il fait? *Le christianisme a produit l'idée de l'amour chaste, du véritable amour. Il a conçu la femme, non point comme l'associée ni l'égale de l'homme, mais comme partie indivise de la personne humaine,* (*os ex ossibus meis, et caro ex carne mea*) (1). Mais d'où vient que l'histoire n'offre pas l'exemple d'une affirmation pareille à celle du christianisme à propos de la femme; que jamais prêtre, philosophe ou législateur n'a fait entendre un pareil langage sur la constitution de l'individu domestique? N'est-ce pas que ce langage n'était permis qu'à celui-là

(1) Proudhon.

seul qui avait tiré la société du néant? *Le christianisme a révélé au monde la forme la plus épurée de l'amour dans la virginité volontaire, qui n'est autre chose, suivant l'enseignement de l'église, que l'union mystique de l'âme avec le Christ, c'est-à-dire une fiançaille perpétuelle.* Et voilà pourquoi le plus grand des arts, le plus cultivé, *le mieux senti, aussi varié dans son expression que riche dans ses formes; l'art qui résume les plus sublimes aspirations de l'âme humaine; voilà pourquoi, dit Proudhon, cet art de l'amour a pris son plus grand essor vers les temps de la puissance du catholicisme.*

Or, si l'amour, qui implique le suprême dévouement, a fécondé l'ère brutale du moyen-âge; s'il a ramené la société à contre-courant vers les lois primitives; s'il a fait, en renversement de toutes les lois humaines, régner la réciprocité dans la ruine de l'égalité, la sympathie et la protection dans le débordement de la force, n'est-ce pas qu'il avait sa source dans un principe qui fut inconnu des anciens, dans une formule plus puissante, plus imprégnée de Dieu que la religion naturelle?

De ce qui a été dit plus haut, se déduit la nature du pouvoir de l'église et de son rôle dans le monde. Ce rôle est spirituel, ce pouvoir est invisible. L'Eglise règne par l'idée : le dogme trinitaire. Un Dieu triple et un, unifiant dans son harmonie la triple puissance de l'homme. Dogmatiquement, son pouvoir est absolu : hors de la vérité, point de salut. Humainement, les choses changent : le reflet humain du dogme c'est la charité, et le pouvoir de l'église, dans l'ordre temporel, ne peut être qu'une puissance conquise, un triomphe de liberté, une influence d'attraction et de sympathie, une puissance proportionnée au degré de force avec lequel est incarné, par l'église, l'esprit évangélique. Fixer dans les mains de l'église la chaîne du pouvoir temporel, c'est appesantir sur la tête de l'homme la nécessité du bien ou du mal; ce n'est plus la liberté, c'est la destruction violente de la liberté.

OBJET POLITIQUE ET SOCIAL DU CHRISTIANISME.

« Je suis venu rétablir le royaume de mon père ». Les fins politiques et sociales de la religion chrétienne sont dans cette parole du Christ. Le royaume du Père, c'est l'ordre naturel ou philosophique. Ainsi le christianisme est venu réformer les cultes octroyés et cette politique communiste qui récélait dans sa fatalité originelle les germes de l'athéisme et l'esclavage ; et restaurer la philosophie ou la loi naturelle, qui est le flambeau inné des intelligences. Il est venu initier les masses à la formule philosophique par l'octroi d'une lumière centrale qui compose la première mise de fonds de la liberté : l'idée divine, accorte seulement au génie par le culte d'antan.

Il suffit d'un regard promené dans le panorama de l'histoire à la clarté des chefs-d'œuvre qui l'illuminent, pour reconnaître la différence immense qui distingue de l'ère moderne les derniers temps du paganisme. D'un côté c'est un monde sans Dieu, arrivé, de chûte en chûte, à l'idolatrie de la brute ; de l'autre, une société pénétrée de lumière religieuse et procédant par évolutions ascen-

IMP. G.-P. LABADIE. 3

dantes jusqu'à cette explosion sublime de février où dix-huit ans de compression et d'égoïsme athée et corrompu supportés par le peuple, n'arrachent à sa bouche, en guise de vengeance, que ce cri magnanime de résignation : trois mois de misère au service de la république.

Sans doute nous n'avons plus dans les veines la sève bouillante des croyances du moyen âge ; mais nous n'en avons pas non plus l'intolérance fatale et la barbare âpreté. Ce n'est pas d'ailleurs le sentiment de l'unité divine qui manque à la multitude, mais la forme générale de cette unité ; le culte universel. Produits avariés de la philosophie et de la foi, jetés par le débordement révolutionnaire sur les grèves de l'avenir, nous ne savons pas nos consanguinités religieuses. Les cultes naturels non encore expurgés de leurs idiotismes politiques, n'ont pas formé autour du Sinaï leur ronde philosophique, et la filiation chrétienne avec le dieu d'Homère et de David nous échappe. Les fatalités humaines qui font tache sur le disque divin et en ternissent les rayons, comme la fumée des monts de l'horizon rougit les astres de l'aurore, montrent à nos yeux étonnés plusieurs flambeaux où rayonne un seul foyer lumineux, et nous entraînent par des routes adverses à la poursuite d'une divinité armée par nous de nos passions. Mais les passions se fatiguent, la vérité reste ; et le temps n'est pas éloigné où le globe divin, en se démasquant, entraînera dans ses harmonies philosophico-chrétiennes les forces sociales issues des deux foyers naturel et révélé. Par la nature spirituelle de son symbolisme, le christianisme pose le principe de l'harmonie universelle et brise les cloisons des cultes nationaux ; par la réalité de la présence dans le symbole, il tend à la philosophie le levier de la réhabilitation, et la relève du fatalisme religieux. Par la simplicité de ses dogmes, fécondés de génie et de sang depuis dix-huit siècles, il verse aux plus humbles esprits la substance philosophique et la sève spirituelle de la liberté ; il brise le lien personnel qui inféodait les masses au pouvoir central et sème sur la glèbe prolétaire les germes de la souveraineté du peuple et de l'égalité. Les principes politiques du communisme sont extirpés : la souveraineté divine retrouve son piédestal et son truchement, la conscience publique.

Transformation du devoir. En facilitant à l'homme la pratique du devoir politique et religieux, la religion chrétienne lui rend l'égalité praticable. Elle donne pour mobile au devoir, non plus la réciprocité de l'homme envers l'homme, et l'intérêt personnel, mais la redevance de l'homme envers

Dieu. Par là l'égalité se trouve émancipée de son enveloppe matérielle ; et le principe du sacrifice s'interpose dans les rapports du droit pour amortir le talion. Allégement de la discipline philosophique. La philosophie disait : *Abstinence et patience* pour arriver par la sujétion du corps au triomphe de l'idée. Et comme l'idée mère qu'elle poursuivait, disséminée dans les abîmes de la création ne se révélait à l'esprit que dans les hautes contemplations de l'enthousiasme, les efforts de la liberté pour arriver à cette exaltation avaient quelque chose de violent et de désespéré ; exemples : les stoïciens, les brames, la plupart des réformés chrétiens. Le christianisme qui donnait à l'homme le principe de la liberté, l'idée divine, qui ne lui laissait à conquérir que la forme, rejeta de la discipline philosophique tout ce qu'elle avait d'excessif, et délaya ses sombres maximes en une foule de préceptes ordonnés, dans la pratique, avec les phases des saisons, et avec le travail physiologique qu'elles déterminent dans l'homme. Enfin, il écrivit le décalogue en tête du catéchisme pour constater qu'il ne venait pas changer les lois du monde, mais réaliser la primitive loi. Et voilà pourquoi la loi religieuse des modernes n'est pas autre que la loi des anciens, centralisée dans le décalogue, c'est-à-dire la loi naturelle ; sauf que le code complet de la loi naturelle n'exista que chez les Hébreux. Voilà pourquoi la loi civile des modernes n'est qu'une pousse nouvelle de la civilisation naturelle greffée sur le dogme chrétien et purgée de la sève barbare : l'esclavage. Voilà pourquoi, enfin, notre loi morale et poétique n'est pas autre que la poétique de l'antiquité. l'incarnation des vérités morales ; sauf la distinction capitale qu'il faut établir entre les provenances directes du culte philosophique et les institutions politiques qui en étriquaient les lois dans l'application.

Supprimez de nos archives intellectuelles les chefs-d'œuvre de la langue grecque, l'éducation publique est sans base : retranchez Rome à l'artiste ; où cherchera-t-il son foyer d'inspiration ? Le type du beau, le type matériel de l'art est absolu comme l'idée (1) : c'est la raison qui fait que les grands monuments de l'art, prototypes du genre, portent un caractère individuel et fastique, comme les sociétés fugitives dont ils répètent les beautés : sociétés que nous travaillons à restaurer, non plus avec leurs défroques locales et leur uniforme

(1) Nos idées de beauté se rapportent involontairement au type grec. Th. Gaultier. *Presse* du 25 Juin.

boutonné, mais avec les amples draperies de la fraternité chrétienne, et sur les inexpugnables assises du dogme révélé.

Ainsi chez les anciens le génie, exclusivement alimenté par le dehors, comme une plante qui se nourrit par le feuillage, cherchait pour fleurir les convenances du climat et du sol, l'arrosement des harmonies naturelles, la pureté de l'air et les rayonnements célestes. Chez les modernes, où la pensée saturée de spiritualisme compte moins sur la fécondité extérieure que sur la vertu de sa sève intrinsèque, l'art fleurit dans toutes les latitudes où la vie n'est pas une souffrance. Simple et sévère dans sa majestueuse grandeur, mais taillée sur un patron uniforme, la beauté des anciens semblait produite par l'application d'un masque extérieur; et empruntait au fatalisme intellectuel qui planait sur la pensée, une rigueur de dessin qui lui imprimait la dureté du marbre et du bronze. La beauté moderne, indépendante de la pureté des profils, triomphe souvent de leur incorrection; et, par le renflement des lignes, par la molesse et la suavité des contours, ou par la complication des courbes, trahit les nuances multiples du sentiment; ou les palpitations de cette force intérieure qui tourmente la matière, rayonnant les sympathies sans borne de la fraternité dans les vastes horizons de l'unité humaine.

Les rapports de la philosophie et de la foi se démontrent, 1° par l'identité des dogmes de la morale naturelle et des dogmes de la morale chrétienne, et par la convergence des cultes qui tendent au même but : l'harmonie complexé ou l'incarnation du verbe par la réduction des instincts sensuels auxquels la philosophie oppose son système disciplinaire résumé par cette formule : abstinence et patience ; et la religion, le formulaire universel de la vie du Christ. 2° Par un fait humanitaire qui domine toutes les révolutions du monde : celui-ci. Si les formes de l'égalité naturelle nous sont connues, c'est parce que l'Eglise en a restauré les monuments. Et si alors qu'elle régnait par l'idée et par la force, l'Eglise, au lieu d'enrayer le monde dans les formules absolutistes, précipita le génie moderne dans les bouillonnantes perspectives de l'égalité, c'est qu'elle même était entraînée par une nécessité suprême : c'est qu'elle était l'instrument de la vérité universelle.

RÉSUMÉ.

AUTORITÉ. — LIBERTÉ. — DEUX CULTES. — DEUX DOGMES. — LEURS RAPPORTS.

Deux dogmes portent tous les ressorts de l'ordre politique et social : autorité et liberté. Liés et co-existants dans l'homme, ces deux principes, si on les considère comme puissance politique, procèdent hiérarchiquement et par ordre inverse de filiation pour se compléter réciproquement selon qu'on se place à l'optique des cultes naturels ou sur les hauteurs de l'histoire chrétienne. Dans l'ordre naturel, c'est la liberté qui précède l'autorité comme puissanee constituante : elle explore le monde, elle en déduit les notions d'ordre et d'autorité divine incorporées à l'architecture céleste, et les incarne au centre de l'état. Dans l'ordre chrétien, c'est l'autorité qui appelle la liberté sur son sein pour refondre au creuset divin l'argile tourmentée qui débordait en lave au feu des passions. L'ordre naturel a pour principe l'égalité, pour symbole le droit, pour instrument de propagande l'initiative personnelle du génie, le procédé centralisateur, l'application de haut en bas d'une formule inaccessible aux masses. L'ordre chrétien a pour principe la hiérarchie, pour symbole la charité ou l'octroi, pour instrument de propagande, l'action individuelle et les inspirations de l'esprit évangélique ; l'édification personnelle, en vertu de cette initiative que la formule chrétienne fournit à tous. La liberté naturelle a péri par faillance de cœur, parce qu'il lui manquait l'air vital de l'autorité : Dieu. L'autorité chrétienne défaille à son tour, parce qu'enfoncée dans l'ornière de la foi sans examen et frustrée des perspectives de l'égalité, elle est incapable de conduire dans les routes de l'avenir les forces démocratiques auxquelles l'art et la foi fournissent perpétuellement une initiative nouvelle. Deux mamelles versent la vie au monde : le culte naturel et le culte révélé. Par eux la société pénétrée de la sève divine a marqué son passage d'impérissables monuments ; beautés sociales chez les anciens, dont le culte fondé sur le droit appelait tous les hommes à la manifestation du beau et du vrai ; beautés individuelles mais sublimes chez les modernes, dont le culte octroyant et octroyé, fondé sur la résignation et le privilége, n'attribuait qu'au favori de la fortune la pratique de l'honneur.

Formules usées en tant que symbole politique, le culte naturel et la foi sans examen refleuriront de leur mélange, mais ne peuvent rien isolément. Abstraction faite de l'esprit chrétien qui pénètre de sa vie l'antiquité restaurée du siècle de Louis XIV, qu'est-ce que le rationalisme ou l'ordre naturel ? En poésie, c'est un type mort ; c'est l'école froide et guindée du 18e siècle et de l'empire. En politique, c'est la souveraineté individuelle ; c'est le nivellement par le talion ; en philosophie, c'est le panthéisme, le fatalisme, l'esclavage au bout ; nous en verrons plus loin la raison. D'un autre côté, qu'est-ce que le christianisme sans application démocratique ? C'est l'horreur du beau, la résignation dans la glèbe, l'acceptation de la laideur physique et de la dégradation morale sous l'empire d'un pouvoir sans contrôle avec ses inévitables abus. C'est l'art pointu, distors, hagard, anguleux des esquisses de la renaissance, ou des chefs-d'œuvre patibulaires de l'école espagnole. L'art démocratique de Louis XIV a produit le 18e siècle et les hommes de 89. Quels sont les corollaires sociaux de l'art dynastique ? Proudhon l'a dit : *il a mis la génération en rut.* La révolution de février a été faite contre ses principes et ses tendances : il vivait de monopole ; elle a proclamé le droit commun. « *L'air manquait, j'ai fermé les aîles* » dit Victor Escousse en cherchant dans la mort cette immortalité dont il n'avait pas su trouver le chemin pendant la vie : c'est là tout le secret de l'art romantique. Chassé vers le passé par le vide du présent, et n'explorant la société défunte qu'à travers les passions et le scepticisme de notre âge, il n'en vit que les plaies et les difformités intérieures ; et forcé par le vice de son symbole de butiner dans la voirie des immondices humaines, il revenait chargé de passions et de crimes, avec des types excentriques et des individualités exceptionnelles chercher le beau dans l'exagération du laid (1).

(1) Nous parlons ici de la direction générale imprimée à l'art par les nécessités sociales nées des transformations de la vérité religieuse, et sans méconnaître la loi des exceptions, et le privilége éternel du génie. Si la foi manque dans les basses températures du vulgaire, le génie ne manque pas la foi dans les hautes volées de l'inspiration, et les plus puissantes manifestations de la pensée chrétienne, dans ces derniers temps, sont dues à la plume de nos grands poètes. Il faut ajouter qu'en empruntant à l'ancienne société des natures exceptionnelles, les grands écrivains romantiques les ont pétries de leurs idées, et que ces individualités violentes, insufflées de fantaisie moderne, et lancées comme des locomotives à toute vapeur à travers la prétintaille de cette bourgeoisie légale, semi-cagote, semi-corrompue, ont amplement contribué à mettre à bas les magnifiques hiérarchies de ce pouvoir athée qui trônait sur des ballots de morue et des barriques d'huile.

La poétique moderne embrasse : — en religion, la philosophie et la foi sans examen : la première, parce que la liberté humaine a droit de connaître les lois intrinsèques de son existence, qui sont les bases légitimes de la religion ; afin de pouvoir distinguer dans la tradition la substance divine, et le marc humain ; la seconde, comme principe central de l'intelligence, et parce que ce n'est point par la raison que l'homme s'est élevé au point culminant de la foi, le dogme trinitaire ; mais au contraire par le travail de l'Eglise qu'il est retourné aux lois de la raison.

En politique, le droit et la charité ; celui-là, comme base de la liberté, comme but du progrès, et principe humain de l'ordre social ; celle-ci, comme force virtuelle de la foi, moyen d'application de l'égalité, et principe divin de l'ordre social.

En poésie, c'est le décalogue et la grâce chrétienne rayonnant sur un type apollonien ou patriarchal. Hors de cette conjonction des deux étoiles du Sinaï et du Calvaire, la société sans passé et sans avenir reste suspendue sur les gouffres de l'inconnu; la philosophie est un abîme sans fond ; la religion, une énigme indéchiffrable ; l'art, un débordement de lave qui brûle sans éclairer. Les trois siècles de restauration démocratique accomplie par l'Eglise sont un travail sans signification. D'où vient le monde et où allons-nous ? Qu'est-ce que le bien ; qu'est-ce qui est mal ? Lancé à vol perdu dans la parabole infinie du fatalisme, le présent n'est qu'une tempête, un torrent bourbeux, un jour sans soleil, une nuit sans étoiles. Mais à la lumière combinée des cultes naturel et chrétien le panorama humain s'illumine : les secrets de l'antiquité se dévoilent. Le paganisme n'est plus une religion naturelle, impénétrable à la liberté : mais une altération du culte primitif. La moyenne raison des cultes apparaît avec la formule philosophique, et montre la présence divine à toutes les profondeurs et dans toutes les latitudes de l'histoire. Egalité politique, inégalité de génie, liberté philosophique, esclavage et fatalité par les dieux établis : tous les problêmes se débrouillent. La philosophie en action nous montre l'incarnation des vérités morales du christianisme ; les grandes vertus sorties avant l'ère révolutionnaire des moules de la foi sans examen, répondent de ses rapports avec la philosophie. Et de même que l'impuissance philosophique, dans sa longue épreuve de quatre mille ans, fait comprendre la nécessité de la foi ; les tempêtes sociales qui travaillent le monde depuis le lever de la renaissance font sentir la nécessité de la philosophie. Phaéton perdu dans les cataractes de la lumière, la pensée humaine retrouve son chemin à travers le fantastique zodiaque des passions. Atôme flottant sur cet océan de soixante siècles qui nous soulève, la liberté retrouve son lest et sa boussole vers l'infini. Embrassant dans son immensité ce vieil arbre de science où chaque siècle a jeté ses fruits immortels ou véreux, elle domine tous les symboles politiques ou religieux, toutes les formes sociales consacrées ou condamnées par l'expérience, fantômes trompeurs ou tutélaires, types d'erreur ou de vérité, vices ou vertus personnifiés qui du fond des âges, perpétués par l'histoire et les arts, nous pressent de leurs influences invisibles. Sûre alors de son méridien, et retrouvant par lui le terrain de la philosophie et de la foi, elle a tout ce qu'il faut pour vaincre, parce qu'elle a pour auxiliaires dans sa lutte intérieure les forces mêmes et les triomphes de ceux qui combattirent avant elle les luttes du bien et du mal. Libre qu'elle est d'opposer aux vices éclatants les vertus célèbres, de combattre le fatalisme d'Empédocle, par la liberté de Socrate et de Platon ; la brutalité des Césars par l'austérité des premiers Romains ; les Vénus adultères, par la pudeur des Vestales ; de repousser les monstres d'Arétin par les rayonnantes figures des cénobites et des chevaliers ; les cauchemars tartares de Fourier, par les harmonies de Châteaubriand et de Lamartine.

ÈRE POLITIQUE DE L'ÉGLISE.

Quand la foi chrétienne s'établit dans le monde, elle ne pouvait trouver base sur les bras de la raison, dont le culte avait sombré dans le naufrage du paganisme ; mais elle se garda bien d'en violenter les lois. Elle s'établit par le procédé des cultes naturels, par l'initiative du génie, en vertu de ses rapports essentiels avec la liberté humaine. Et pour que la liberté naturelle n'eût pas à se plaindre d'avoir été surprise, Dieu suscita pour représenter ses droits dans le contrat qu'il allait signer avec elle un homme qui résumait toutes ses grandeurs ; qui réunissait dans sa personne les vertus du poète et du patriarche, du conquérant et du législateur ; et dont le regard, comme celui de l'aigle, embrassant des horizons invisibles, mesurait davance la route et les droits futurs de la liberté. Dieu s'effaça, Charlemagne absorba le monde ; et tête à tête avec l'infini, ne trouvant pour contrepoids à son génie que l'étoile des mages, il y alluma le falot qui devait guider la souveraineté temporelle, et le suspendit de sa main au sommet du vaisseau chargé des destinées de l'avenir. Jusques-là le monde avait tâtonné : Charlemagne fit entrer les effluves de la vieille civilisation dans le lit ouvert par le christianisme, et pivoter le monde barbare sur son nouveau dogme social, « Ere unique et » mémorable de l'humanité où le ciel communique » avec la terre au travers d'âmes placées dans des » hommes de génie. (*Mém. d'Outre-tombe.*) »

La légitimité féodale, pour être comprise, ne veut pas être explorée à l'optique de nos luttes de parti. Les sociétés chrétiennes s'étant fondées par la conquête, le droit du plus fort triomphait naturellement dans leur sein, et donnait le sceptre au plus puissant. Les autres chefs, possesseurs du sol, reproduisant les titres et la nature de son pouvoir, formaient au-dessous de lui une hiérarchie incohérente et brutale sans autre correspondance intrinsèque avec le pouvoir central que le lien religieux. Le christianisme, en ratifiant les effets de la conquête, consacra le seul pouvoir en état de sauvegarder la société. Quelle force en effet eût été capable de maintenir ces flots de barbares que le souffle de la guerre promenait à travers l'Europe. Il n'y avait qu'un moyen d'en venir à bout : c'était de les parquer en groupes isolés sous l'épée d'un maître, pour les gouverner en les divisant.

De cette première nécessité de son origine, le droit féodal, emprunte son caractère et sa constitution politique. Dérivé d'un fait violent, et conséquemment susceptible de s'anéantir par un revers ou de s'accroître rapidement par une victoire, il vivait de force. Le bruit et l'éclat, l'appareil de la puissance et de la richesse étaient les conditions essentielles de son existence. Individuel et exclusif, il repoussait le morcellement du sol et la division des fortunes qui eussent atteint l'économie de l'organisme féodal; et ne se perpétuait dans la famille que par le sacrifice fait aux droits d'un seul du droit de tous les autres. Il puisait sa légitimité rationnelle, dans la justice de la réaction provoquée par le despotisme romain; sa légitimité politique, dans la nécessité de grouper en faisceaux isolés les masses guerrières que les instincts de la force et les rivalités de la guerre auraient poussées à se choquer et à se détruire; sa légitimité religieuse, dans la pratique du premier devoir à lui imposé par la puissance qui avait consacré son droit : la charité. Classes, castes, distinctions, majorats, toutes combinaisons ayant pour effet de maintenir le fractionnement féodal et l'équilibre matériel ; nécessités transitoires, légitimées par l'adhérence de l'ordre social avec les groupes feodaux.

DEVOIR, HONNEUR, CHARITÉ, ÉQUILIBRE SOCIAL.

Obéissance absolue du serf au seigneur, du seigneur au roi, du roi au pape. La spontanéité manquait partout. En concentrant sur la même tête le pouvoir politique et le pouvoir religieux, en proposant comme formule de conduite un homme susceptible de faillir, en fermant les yeux à l'inférieur sur les vices du maître, la constitution féodale exposait le peuple à confondre la vérité religieuse avec les actes de la liberté dans le même homme ; et à prendre pour règle morale, les extravagances d'un imbécille ou d'un fou. Le spiritualisme chrétien corrigeait ces éléments de désordre.

Un souffle exhalé des pieds de la Croix, du sang des martyrs, des derniers accents de la muse païenne convertie à la foi remplissait le monde et prolongeait la personnalité humaine du Christ. Ce souffle divin résonna au cœur des conquérants, et de leur verve barbare fit un enthousiasme sacré. La charité prit corps et cœur, et s'appela l'honneur. Par lui le type chrétien pénétra dans la réalité sociale. Les inspirations de l'esprit évangélique s'organisèrent et formèrent une espèce de droit public : premières fibres de la civilisation moderne.

L'honneur féodal impliquant des avantages particuliers et casuels, force et richesse, était exclusif et personnel; et là était son vice d'origine, en tant que formule sociale.

Tous les droits étant d'un côté, tous les devoirs de l'autre, où chercher la cause de l'équilibre social dans cette absence complète de garanties politiques? Par cela même que l'Eglise avait à sauvegarder des misères immenses elle vivait de pauvreté. Pauvre et conséquemment douée de l'esprit évangélique, elle possédait par surcroît la lumière morale et la science du gouvernement. C'est ce qui rendait les peuples dociles à la foi dont elle donnait l'exemple, et les maîtres soumis à ses décisions. D'un autre côté, si l'Eglise imposait l'obéissance aux vassaux, c'est parce que les seigneurs se dévouaient à la propagande chrétienne par le sacrifice du sang et la charité. Faiblesse des peuples sauvegardés contre le despotisme par leur enfance même, — c'est ce que n'a pas voulu voir M. Guizot quand il a qualifié despotisme la paternité de Charlemagne ; — instinct d'honneur qui sacrifiait le tyran au chrétien dans la personne du pouvoir, contrôle de l'Eglise suppléant à l'action philosophique de la liberté pour la défense du sujet, en ce qui touchait aux droits de sa conscience, telles étaient les conditions d'équilibre de la société absolutiste qui défilait avec ses formules :

Foi imposée : c'était le seul lien de l'unité des peuples, et la raison ne pouvait lui servir de base ; son verbe éteint, ses formes ensevelies sous les décombres du monde romain.

Résignation : l'esclave qui eût essayé de rompre sa chaîne n'aurait brisé que sa destinée.

Immolation : c'était toute la philosophie de l'esclave enchaîné par le talion ; toute l'espérance du riche dont le christianisme n'avait consacré les richesses qu'à condition par lui de les répandre sur la tête de l'indigent.

Absolutisme : la spontanéité manquait. La foi était fatale ; transmise par le sang dans la famille, octroyée à la société par le chef de l'Eglise qui tenait dans sa main le globe des idées. Point d'égalité, point de droit, rigoureusement parlant. Le devoir religieux était le lien d'honneur. La loi de charité n'avait pas de sanction pénale : mais la formule sainte pesant sur la conscience du riche avec ce commentaire de l'Eglise : *Quand le pauvre manque du nécessaire, le superflu du riche est un vol*, suffisait pour réaliser au profit des masses cette communauté sociale qu'on leur dispute aujourd'hui.

MISSION DE L'ÉGLISE PENDANT SON RÈGNE TEMPOREL. — TRANSITION RÉVOLUTIONNAIRE.

La mission du christianisme étant donc tracée par la parole du Christ : *rétablir le royaume du Père*, l'Eglise accepte la tâche et se met à l'œuvre pour restituer à l'homme sa primitive beauté ; sa grandeur, ses droits. *Imagini suæ formam decus que reddere.*

La liberté n'était pas à inventer mais à régénérer ; la société n'était pas à refondre mais à retirer des limbes ; l'ignorance et la servitude : esclavage du corps et de l'ame ; deux chaînes qu'il fallait briser. Pour que la société nouvelle retrouvât à son enfance le mouvement spontané, il lui fallait des guides pour lui montrer sa route, et des appuis pour lui tendre la main, pour offrir à ses yeux l'idéal qu'elle était appelée à réaliser en émergeant de la glèbe. Or ces guides, ces soutiens, impossible qu'elle les trouvât parmi les hommes de la foi sans examen ; puissance fatalement établie, et qui subsistait politiquement en dehors des lois de la raison. La liberté sortant du tabernacle du droit divin sous la férule de l'église, ne se fût point reconnue. Ses guides naturels, c'étaient ses ancêtres à elle ; les créateurs de l'ancienne civilisation. Il fallait donc rendre à la liberté ses archives et ses modèles ; et tous ses points de contact avec l'antiquité ; pour qu'à son réveil, se mirant dans ses œuvres, elle se vît agissante et parlante au milieu des merveilles de son génie ; et qu'en voyant dans ses lois primitives le mécanisme perpétuel de la société humaine, elle retrouvât le sentiment de sa personnalité infinie. La synthèse philosophique tombée en ruines, gisait sous les débris des cultes payens. Pour restituer à l'argile humaine ses premiers dessins, il fallait en retrouver les patrons. Et ces patrons, où les chercher, si non dans les cartulaires de la civilisation primitive ? Ainsi fit l'église. Pendant que les peuples chrétiens sommeillaient leur première enfance, elle peignit dans l'auréole de leur berceau les visions de l'ordre naturel. La force régnait ; elle restaura les formes de l'égalité démocratique. Couché dans les putréfactions du vieux monde, le christianisme réparait à la fois la société morale et la société matérielle, le droit et le fait. De son sang bouillant dans la glèbe, il fit jaillir l'enthousiasme chevaleresque, et servir la féodalité même à niveler la féodalité. De son regard épanoui dans les ténèbres du paganisme écroulé, il purifiait les horizons de l'intelligence, et en chassait les nuages de la fatalité.

Quand le mouvement de la renaissance eut ébranlé les masses, la constitution féodale branla au manche. Les dogmes fondamentaux d'unité humaine et divine personnifiés par les chefs-d'œuvre des arts et les hautes personnalités de l'histoire, reparaissent sur toute la surface de l'antiquité classique, déployée comme une tenture sur la pensée moderne. Des hauteurs de l'idéal, les types du beau pénétrés de sève chrétienne redescendent par l'éducation dans l'intelligence des sociétés renaissantes, et la liberté qui s'incarnait par le sang commence à s'incarner par l'esprit. Le peuple retrouvant le mouvement spontané rejette la tutelle de l'église. L'église n'ayant plus à sauvegarder l'enfance du peuple, oublie ses sollicitudes maternelles; et, chargée de richesses désormais sans emploi, elle subit les corruptions de l'or. Le pouvoir politique sans contrepoids, est pris de vertige et se fait Dieu. *L'Etat c'est moi*;

le Roi, et notre Seigneur J.-Christ, dit Bossuet; tout le vieil équilibre se détraque.

Fixer le point d'intersection où la politique féodale devait finir, et la politique rationnelle commencer est chose impossible. La marche de la société n'est pas le mouvement uniforme d'une armée qui s'avance en ligne et de front; mais la marche allongée d'une caravane. Disséminée sur une échelle immense, la caravane humaine gravissait par son avant-garde les horizons de la renaissance que la queue des traînards serpentait dans les ténèbres du moyen-âge. Quand Luther prêcha le libre examen, lui-même n'en savait pas la fin, ignorant qu'il était des formules rationnelles. C'est ce qui dépare sa vie d'un contraste qui ne revient que trop souvent dans la lignée de ses successeurs. On sait que le grand émancipateur de la pensée, d'une main rivait les paysans au joug des seigneurs, ce qui n'était pas une forme progressive de la propriété; de l'autre, consacrait la polygamie au profit d'une débauche princière, ce qui n'était pas un progrès de morale. Tant que les débris de l'édifice féodal ont intercepté le rayon visuel de la liberté le long de la destinée humaine, la liberté, occupée à débusquer l'église et le pouvoir des barraques féodales, ne pouvait se reconnaître fille de ces moines qui lui versèrent au berceau le lait de la démocratie ; encore moins pouvait-elle voir dans les enfroqués du moyen-âge les descendants des sages de l'académie et des chantres olympiens. Aujourd'hui que le principe de la caste, aboli politiquement, ne barre plus le passage aux visions de l'égalité ; aujourd'hui que le symbole de la fraternité nous montre dans ses facettes le centre et les convergences des cultes naturel et révélé, il est facile de marquer la différence capitale qui distingue l'ère politique de l'église des temps où nous entrons au bruit du tonnerre de la révolution. L'église régnant, le droit divin fesait tous les frais de la communauté sociale, il administrait, avec le dogme trinitaire, la substance philosophique, et, représentant de la liberté, exerçait ce contrôle moral qui en est le fluide vivifiant. La constitution féodale périmée, l'absolutisme rasé avec ses donjons, la foi par la force devenue impossible, puisque l'église qui est la tête n'a plus le bras qui était la féodalité, le rôle de l'église change ; son action politique échoit de droit et de fait à la liberté, chargée désormais de se protéger soi-même. Voilà l'ère rationnelle et le suffrage universel. Nous y entrons à peine, et le suffrage encore flottant et sans assiette n'est qu'une vague tempétueuse promenée au hasard de toutes les directions. Ce n'est donc plus de l'autorité — vieux style — de l'autorité octroyante et octroyée que la direction sociale et politique doit procéder désormais, puisqu'elle est restée sur le carreau. Où en sommes-nous donc ? Au point de départ des sociétés primitives : à l'institution d'une religion nationale, comme dit P. Leroux, ou pour parler plus vrai, à l'affirmation du vrai culte. Nous en sommes à la nécessité de chercher dans le formulaire éternel — l'ordre visible — et dans ses corollaires humains, — les formules de l'art, — les voies analogiques de nos destinées. Sauf qu'au lieu d'avoir à sonder par le culte philosophique les gouffres de la création, aux profondeurs formidables, notre sphère cosmogonique, à nous chrétiens, est un élysée vivant où chaque vérité morale est une incarnation de génie et de vertu, où notre vérité centrale, l'inconnu des anciens, est cette formule immense du Calvaire, attachée par toutes les fibres de l'intelligence et du cœur à la réalité humaine, et qui nous a laissé pour garant des modèles qu'elle fournit à toutes les conditions de la vie une série non interrompue de chefs-d'œuvre et de grands hommes.

Il suit de là que les conditions philosophiques de

la liberté, ont manqué au monde entre les deux phases politique et philosophique de la religion chrétienne. La défense du faible, l'édification entre égaux n'existaient pas ; la société s'est traînée hors des voies de cet ordre naturel que le christianisme est venu restaurer. C'est ce qui explique le déclin de l'esprit chevaleresque dans le parti monarchique, et la défaillance de la charité dans l'église. C'est ce qui explique aussi pourquoi la foi renaît aujourd'hui par les lumières, à l'inverse de la marche qu'elle suivit lors de son premier établissement, et descend des sommets de la société ; témoin le peuple de Paris, autrefois la tourbe révolutionnaire la plus formidable ; et aujourd'hui la masse intelligente, la plus civilisée et la plus chrétienne du monde.

RENAISSANCE. — LIBRE EXAMEN.

Le libre examen signifie que la religion naturelle ayant régné avant la foi révélée et ne prescrivant pas, il existe au seuil de chaque conscience, en dehors de la foi sans examen, une voie de justification qui aboutit à l'immortalité ; que si la foi naturelle ou la philosophie n'offrait qu'un impraticable sentier tant qu'a duré l'ère barbare, son culte existe philosophiquement pour l'individu depuis la renaissance des lumières ; et qu'enfin si la foi chrétienne a pu s'altérer durant son règne politique, c'est dans le livre du monde qu'il faut chercher ses commentaires, et la constitution de l'ordre primitif que le christianisme est venu rétablir ; en un mot les formes du christianisme philosophique.

Le premier cri de la liberté adolescente quand elle se sentit étouffer sous les bandelettes du droit féodal fut et devait être une protestation contre le passé. Mais pour émanciper la pensée, il fallait arracher le corps à la glèbe ; et la liberté se battit pour le droit d'examen. — Période des guerres civiles, inquisitions, dragonnades. — Plongée par Luther dans le vaste océan de la pensée humaine, et ne trouvant qu'un seul fantôme debout, en dehors de la voie traditionnelle, un seul principe lié par des réalités connues à la pratique sociale, la philosophie, la liberté se fit philosophe, et lutta par l'idée pour le droit de réformer le monde d'après les patrons de l'antiquité. Les réformés répétèrent les Stoïciens. Ère des philosophes du 17e siècle, — Port-royal, — 18e siècle. — Mais comme la philosophie toujours enfagottée dans sa défroque de fatalisme n'avait rien de mieux, ses temples détruits avec son culte, à donner à la communion sociale que la parole du maître, lequel n'apprenait rien de nouveau, et ses éternelles négations; la liberté jeta sa besace aux orties, avec son bâton d'ordonnance, et puisant son titre dans son principe, sa raison individuelle, elle se dit rationnaliste, chercheuse, ecclectique. Mais la raison individuelle, qu'est-ce ? La houille et le rubis mêlés dans l'argile humaine en attendant le creuset; une lumière dans un souterrain, et non pas le méridien céleste; un principe de synthèse individuelle, non de synthèse générale; une force capable de ramener la glèbe qui l'emprisonne dans le boîtier divin pour l'y refondre; mais incapable par elle-même d'organiser l'harmonie sociale, un système d'égalité, de communauté quelconque, dépourvue qu'elle est de l'effigie universelle et typique. Voilà l'individualité Thiers qui veut bien se dévouer au salut de l'Etat, moyennant cent mille francs de traitement ministériel : et comme il appartient à chacun de nous, par droit de souveraineté individuelle, d'apprécier ses besoins et d'estimer ses titres, que deviendra la France si tous les surnuméraires politiques qu'elle renferme s'avisaient jamais de postuler pour un ou deux millions de fortune ? Voilà l'individualité Cousin qui en vertu de sa liberté travaille de son mieux à couper bras et jambes à la tradition, *pour rêver une croyance universelle*; et qui, en vertu de la souveraineté de sa raison, trouve légitime d'imposer son programme par l'enseignement public. Je demande pourquoi tous les rêveurs de croyances n'auraient pas le droit d'imposer comme lui leurs lubies à la jeunesse. Et que deviendraient alors les gens qui ne tiennent pour bonne, en fait de croyance que celle qui n'est pas de fabrique humaine. *Union* de février 1848, que dites-vous du peuple de Paris ? — Qu'il a bien mérité de l'humanité. — Et de M. de Lamartine ? — Qu'il est le sauveur de la France. *Union* de 1849, que pensez-vous de Lamartine ? Un faiseur de romans. — Et du peuple de Paris ? Un ramas d'assassins et d'anarchistes.

Pour mon voisin de la droite, la raison ou la vérité sociale, c'est le luxe universel; pour mon voisin de gauche, la raison, c'est le prolétariat à perpétuité. En voici un qui demande dans l'intérêt de la morale et de la famille le pouvoir sans contrôle et l'octroi; et que la pratique du pouvoir *ad libitum* aurait conduit dix fois aux galères si la justice des amis de l'ordre qui ne doit rien à ses adversaires ne devait pas tout à ses amis.

Evidemment toutes ces raisons biscornues ne sont pas une autorité, puisqu'elles se contredisent et s'annullent. Elles ne sont pas un principe d'ordre général puisqu'elles expriment des instincts antipathiques à la communauté. La raison individuelle n'est donc pas souveraine par cela seul qu'elle est individuelle. La raison est quelque chose qui ne change pas du soir au matin et du printemps à l'automne: c'est la suite dans les principes et les actions, la perpétuité des idées et la répétition des formes, ou l'égalité. Qu'est-ce qu'un caractère uni, une humeur égale, si non l'expression de la raison ? Mais l'homme ne peut vouloir pour soi que ce qui peut être réalisé pour les autres : pourquoi ? parce qu'il n'y a de vrai bien que celui qui n'est pas envié : rien d'inaccessible à l'envie, que ce qui est accessible à tous. D'où vient l'enthousiasme sacré des fêtes patriotiques, la sainte ivresse des fêtes religieuses ? C'est le fluide social ou le fluide divin affluant dans les âmes à dose égale comme la lumière ruisselle du soleil, c'est l'infini saisi par les deux pôles. Donc le propre de la raison est de chercher l'unité ou l'égalité individuelle, dans la zône de l'égalité générale. « *tant pour toi, tant pour moi*, » disait Rousseau, dans le sentiment de l'égalité naturelle. En un mot la forme philosophique de l'égalité, ou l'harmonie des idées et des formes qui constituent l'incarnation du Verbe dans l'homme, est un type susceptible d'être généralisé. L'unité humaine est un reflet de l'unité divine. Mais pour réaliser la forme, il faut posséder l'idée : et si l'intelligence divine est susceptible d'être appréhendée par la raison de l'homme, c'est en vertu d'une similitude existante entre ces deux principes. La sublimité d'une Virginie ravira-t-elle jamais d'enthousiasme un Tartare dans son sérail ? Une mère chinoise qui jette ses enfants aux pourceaux pleurera-t-elle de tendresse à la vue de la femme de Florence ? Or comme il est impossible de comprendre l'intelligence divine autrement qu'immuable et parfaite, tandis que l'argile vivante, s'étiole et change comme cire au soleil, il suit que la perception des attributs divins implique dans l'homme un état de perfection et d'harmonie qui lui rend ses consonnances premières avec le Créateur ; et que la vision divine n'est permise à l'homme que sur le haut observatoire de la philosophie. Eternelle statue de Memnon, la liberté humaine a besoin d'être orientée vers son soleil pour en murmurer les louanges. Rappelons-nous les initiations d'Eleusis, les austérités des sectes philosophiques ; et, chez les modernes, les formidables préparations des Francs-Juges et des Francs-Maçons avant d'aborder le seuil de la vérité. Il n'en est pas d'une vérité morale et religieuse, comme d'une loi mathématique et abstraite, indifférente à l'homme. Résumant les rapports de l'âme avec les sens, la première est un fait complexe qui intéresse toutes les puissances de la vie, et ne détermine dans l'homme la certitude, qu'alors qu'il est lui-même en rapport par le corps et l'esprit avec le double élément de l'ordre. Un acte de foi divine étant la plus forte opération de l'esprit, la spéculation philosophique dont cet acte est la conclusion exige un travail physiologique qui amène l'homme à cet état d'harmonie complexe où il absorbe et réfléchit l'ordre naturel. Hors de cette condition un acte de foi n'est rien qu'un gazouillement de berceau ou un bégaiement de décrépitude. C'est parce que l'Eglise avait cette préparation physiologique pendant la phase temporelle qu'elle engendra ces vertus religieuses qui meublent notre musée historique : et c'est parce que cette éducation lui manque aujourd'hui que le fleuve traditionnel n'est plus qu'un lit désséché par l'incrédulité.

Descartes avait fixé le terrain de l'exploration

philosophique ; la neutralité absolue en présence de la tradition. Mais ses successeurs houspillés par les lettres de cachet, au lieu de chercher les matériaux de la synthèse, passèrent leur vie à démolir la féodalité. Rousseau dont le génie prenait vie par toutes ses racines dans les harmonies de la nature qu'il réverbéra magnifiquement dans ses écrits, impregnés d'onction démocratique, Rousseau laissa percer dans la plupart de ses ouvrages les pressentiments poétiques du culte naturel. Mais rejeté par les malheurs de son enfance, et les monstres religieux qui avaient défloré sa jeunesse aux antipodes du monde chrétien, l'idée ne pouvait lui venir d'en chercher les rapports avec l'ordre naturel ou la loi philosophique. Il tira du fond de son génie une souveraineté abrupte et nue comme la vie sauvage ; un type d'égalité renouvelé du stoïcisme ; mais il le laissa sans base dans la réalité philosophique et religieuse, et toujours battu des vents du désespoir. Volney essaya de reconstruire la synthèse philosophique sur les plans et devis de la raison individuelle ; écrasé qu'il était, le ci-devant admirateur de l'égalité dans les cimetières, par le poids de son manteau de pair], il eut dans sa *loi naturelle* des visions de génie, et n'accoucha que d'un fœtus.

Lamartine et Châteaubriand, en mêlant sur leur palette le génie d'Homère et de David, ont noué d'une main puissante l'idée chrétienne et l'idée philosophique ou libérale. La lumière projetée par le *Génie du christianisme* sur les deux faces du monde social ont rendu visibles, à l'œil nu, par leurs similitudes externes et poétiques, les rapports du culte naturel et du culte révélé, du type antique et du principe chrétien. Reste à trouver la charpente intérieure de la synthèse humaine, ou la formule philosophique : c'est-à-dire la loi générale du culte naturel qui dévoile les deux étoiles polaires de l'ordre social : l'unité divine et l'égalité humaine, avec tous leurs corollaires religieux, politiques et sociaux ; tous les embranchements du devoir et du droit ; et qui fournit l'ensemble disciplinaire par lequel l'homme incarne en lui cette formule, rompt ses os à l'égalité naturelle, et pénètre ses organes du spiritualisme dans le laboratoire divin.

C'est le travail que nous déposons sur le sable après vingt ans de circumnavigation et de naufrages.

Le libre examen avait donc pour objet la restauration de l'ordre naturel ; mais avant d'entamer cette restauration il fallait d'abord obtenir le principe du rationalisme, la formule philosophique qui nous manque encore. C'est là ce qui fait que les réformes sont impuissantes, que les révolutions avortent, et que les germes de l'avenir, mûris dans le sang, ne profitent qu'aux générations qui ne les ont pas vu semer. Voilà d'où vient que dans la marche révolutionnaire la réalité devance l'idée ; témoin le peuple de Paris, qui a conquis en 1830 la liberté de la pensée sur le droit divin, tandis que ses chefs rêvassaient des religions d'Etat : qui a porté sur le pavois en février 1848 le symbole chrétien, tandis que la plupart de ses patrons politiques, remorqués par l'instinct populaire, raturaient sans mot dire, le lendemain, leur programme Panthée de la veille. Floraison première de la pensée humaine, la poésie devance sa sœur dans le développement de l'intelligence. L'homme chante le beau, avant d'en étudier les lois. Et le beau maintenant, c'est l'élément traditionnel et libéral, la philosophie et la foi, mêlés par la muse moderne dans l'éducation publique des arts et l'enseignement des écoles. Et le peuple de Paris, élevé au milieu des artistes et des chefs-d'œuvre, artiste lui-même, et nourri de ces axiomes vivants qui peuplent ses musées et ses monuments publics, incarnant à ses yeux avec les caractères de l'évidence, les vérités éternelles de l'ordre moral, le peuple parisien puise à ce foyer ces instincts de progrès et de conservation, ces habitudes d'ordre et de liberté qui lui donnent le sentiment des hautes convenances politiques : qui lui font repousser la corruption oligarchique, et respecter en même temps la stabilité matérielle et l'ordre extérieur, comme la première condition du progrès des idées.

La formule philosophique ayant manqué jusqu'ici, par la faute des hommes qui avaient fourvoyé le courant des idées dans leur boutique pour refaire le monde à leur effigie, Fourrier, Simon, Cousin et les praticiens de la souveraineté individuelle, Thiers, Guizot, — la liberté, fatiguée d'utopies et de folies, s'est faite radicale, ennemie de la tradition et de l'initiative personnelle, — car le peuple arrivait hâletant et houleux sur le chantier du suffrage universel, prêt à remanier la charpente gouvernementale : œuvre plus facile qu'on ne pense pour le peuple, aussitôt qu'il verra dans les mains d'un principe le droit ou l'octroi, avec leurs corollaires connus et possibles.

108 *bis*.

L'homme aujourd'hui n'a plus à conquérir par l'analyse du monde les deux éléments de la science sociale, l'idée divine et les proportions de l'harmonie humaine; et le culte philosophique n'est plus le privilége du génie. Combiné avec la pensée chrétienne, il agit universellement sur les masses, non plus seulement par l'action latente des lois comogoniques, mais par les syntèses du génie; nous voulons dire par les chefs-d'œuvre des arts. Car en redonnant la vie à tout ce monde classique de l'antiquité, le génie moderne l'a purgé de fatalisme et pénétré de sa foi. Et, comme le dit Chateaubriand, la tragédie antique, transvasée dans le génie chrétien, est devenue chrétienne à son tour : elle a retrouvé la pureté de la loi philosophique, qui n'est autre chose que le christianisme naturel infusé dans la glèbe humaine à titre de liberté.

Il suit de là qu'aujourd'hui les masses boivent à la coupe de l'art la philosophie et la foi; la science de la trinité humaine ou de l'unité rationnelle, et de la trinité divine ou de l'unité religieuse; deux lumières qui forment, en se complétant, la science intégrale de la vie.

Bases du Christianisme philosophique.

Le libre examen nié, c'est tout l'ensemble de la civilisation à ramener dans la lanterne du bedeau. La liberté philosophique acceptée, elle donne les corollaires suivants qui sont les bases du christianisme philosophique :

1° Liberté des cultes. — C'est le droit d'aller à Dieu par le culte naturel qui ne prescrit pas; d'arriver, par l'étude du monde réel et du monde classique, à la connaissance du dogme et du culte primitif, qui donnent la triple formule religieuse, politique et philosophique de l'ordre naturel, et les avenues de l'ordre chrétien.

2° Egalité. — Participation de tous à l'édification sociale; contrôle et suffrage pour la défense personnelle et la manifestation de la vérité. Souveraineté du peuple ; car du moment où la raison entrevoit par delà l'ère moderne les bases philosophiques du christianisme, les vérités de morale qu'il est venu réaliser universellement, la religion non plus octroyée par un homme, mais arc-boutée par la conscience humaine, établit là le piédestal de la souveraineté divine, et fait des peuples le truchement de Dieu.

3° Droit de propriété. — Base indispensable de la vie politique, et de l'ordre philosophique ou rationnel ; et sans laquelle le souverain, mené la corde au cou à l'exercice de son droit, n'a d'autres fonctions que de servir de déversoir aux passions étrangères.

Révolution philosophique. — Le peuple mineur recevait le pain de l'âme et du corps ; pour le peuple majeur, les éléments de la liberté sont partout : dans les arts, dans les lois, dans les monuments publics, dans les écoles de village, partout où la muse chrétienne a déposé les éléments de l'honnête et du beau ; les types primordiaux d'unité morale et d'harmonie philosophique, déduits par le génie moderne du spectacle de la nature, ou légués à notre civilisation par le culte antique ; et muni désormais d'une boussole infaillible, éclairé de cette idée d'unité divine et morale que le christianisme a plantée dans la conscience humaine, il n'a plus à craindre, entre la Vénus impudique et la souveraine beauté, entre le Jupiter adultère et le Dieu tonnant, de se tromper sur les attributs divins et de trébucher dans les gouffres du fatalisme.

C'est pour cela qu'il faut sa base à l'idée, comme il faut ses rails à la locomotive enflée de vapeur. Et cette base, le droit, la propriété, la condition première de la liberté politique, cette base naît de l'égalité. Admise dans la loi, l'égalité donne la priorité à la vie de l'homme sur tous les capitaux et mises de fonds. Le travail reprend son titre et son droit en tête de nos codes; et le capital vivant primant tous les droits, la propriété intelligente et mobile du travail, sollicite la propriété immobile de l'occupation féodale et tend à la dissoudre. Transformation dans la constitution légale de la propriété.

Elle était individuelle et exclusive ; elle devient accessible à tous pour servir de base à la personnalité qui se multiplie ; elle était casuelle, improductive, ancrée au privilège ; fécondée désormais par la force industrielle, elle se mobilise et se déploie, comme le rayonnement de l'intelligence. Et comme tout s'enchaîne dans la marche du progrès, l'égalité procède forcément de la liberté. Cette puissance incalculée du génie qui s'en va chercher à travers les bûchers et les cachots, à travers les déserts sans lumière du scepticisme, les formes de la société rationnelle et les bases du nouveau monde chrétien, ne mesure-t-elle pas la taille des supériorités féodales ? et le chevalier du génie qui écrit son blason dans les astres, ne vaut-il pas le chevalier de la force qui teignit le sien de son sang ?

Trève à la charité politique et à l'octroi. La charité fut le lien social de la caste et l'acquit de sa légitimité. La caste abattue, la charité fait peau neuve ; le rapport de réciprocité change dans sa forme. Ce n'est plus l'octroi qui l'acquitte de haut en bas, c'est la fraternité qui tend la main, d'égal à égal, dans toutes les directions et latitudes. Or, au nombre des secours que les hommes se doivent dans la pratique de l'édification sociale, compte sans doute en première ligne la communication des lumières dans les rapports du clairvoyant avec l'aveugle. Mais si le génie porte la besace et le bâton du vieil aveugle, le riche, arbitre du pauvre par les besoins du corps, voudra-t-il être son client par les besoins de l'esprit ? Voulez-vous d'ailleurs le génie et la science à la mendicité ?

Et quand la pensée populaire descend du domaine philosophique pour incarner son idéal, faut-il la voir condamnée à traîner la livrée de

Chatterton dans l'antichambre d'un *fait accompli*, ou qu'elle aille, poète, philosophe, publiciste, postuler humblement à la porte du *chacun chez soi*, la charité s'il vous plait? Encore si vous pouviez traiter l'idée comme une charte et reléguer à perpétuité dans les limbes, les idées qui vous embarrassent, je ne dis pas; mais l'idée chassée de la réalité ne meurt pas : elle monte, et se fait tonnerre : elle descend sous terre et devient volcan.

Quand la charité régnait avec l'octroi, l'église avait la direction morale et la discipline de la société. A-t-elle le moyen de déposséder un cacique de village, pour adultère ou viol, comme elle mettait au ban de la communauté catholique le prince fornicateur? Quand la charité nourrissait le serf en glèbe, le peuple couvert des scories de son enfance et des écailles de la servitude, était protégé par sa laideur même contre les tentatives du riche. Aujourd'hui que la poésie commence à battre avec la vague démocratique au sein des vierges rustiques, multipliant les tentations d'un côté, les séductions de l'autre, voulez-vous livrer la jeunesse et la beauté sans défense à la gueule du minotaure bourgeois? Octroi, charité publique; deux fantômes poussés l'épée aux reins par une réalité qui n'entend pas raillerie : le droit, et *malè suada fames*.

Révolution religieuse :

« Je marche, donc je suis, a dit la liberté. » Et dès ce moment la religion chrétienne cessant d'être politique, et protégée par la force, devient philosophique, forcée de chercher appui sur la raison. Plus d'immixtion dans les affaires ; plus de conciles dans un donjon ; plus de rempart autour de la langue de feu ; plus de palais, de châteaux, de retranchements pour les seigneurs-évêques, car ils n'ont plus de populations à défendre contre les invasions de la force ; plus de temporel autour du spirituel. Pouvoir, richesses, blasons, appareil mondain, tout est périmé. Le dogme nu, le dogme incarné dans l'homme-prêtre, comme l'incarna le prêtre-Dieu ; voilà ce qu'il faut désormais, pour que la raison qui butine, en quête des choses de la vie, reconnaisse son centre et son principe dans le représentant du crucifié, de l'agneau formule : *agnum typicum* ; pour qu'elle reconnaisse en lui l'harmonie trinitaire inutilement cherchée par la sagesse antique ; et que la formule chrétienne qui l'engendre est plus féconde que la formule de la philosophie.

Qu'est-ce que cela me fait que vous pratiquiez rigoureusement le célibat, lorsque l'ambition et l'orgueil prennent chez vous une épouvantable revanche? La castration de la passion mère n'a d'objet et de valeur que si elle aboutit à refréner les autres passions, et notamment l'orgueil qui est leur premier père. Si votre monachisme orgueilleux et ambitieux doit me coûter le repos de ma vie, mariez-vous comme les pasteurs, et vivons en paix sous la loi naturelle ; à charge de liquider plus tard nos comptes, au son de la trompette que vous savez.

Dans l'ordre moral, dont les lois résumées par les péchés capitaux, sous une lumière universelle et immuable, le contrôle de l'église, contrôle secret, bien entendu, est pour elle un devoir imprescriptible. Dans l'ordre de la politique humaine, qui n'est qu'une transformation perpétuelle à la recherche de l'égalité, l'église n'est rien. Elle ne peut ni ne doit rien être, précisément parce qu'elle est le détenteur de la vérité suprême, ou de l'absolue souveraineté, et que l'autorité ne se pourrait imposer à l'homme sans briser la liberté; parce que la vérité de soi est assez puissante pour s'initier à la conscience humaine, comme le soleil épanouit et redresse les plantes.

En s'obstinant dans son ancien rôle, l'église retient par la brîde, sur l'arène du forum, l'idée féodale et tous les vieux abus qui pèsent sur le flanc de la liberté. Au lieu de prouver par l'humilité, qui est sa première loi, la divinité de sa nature, elle interpose un corps opaque, l'orgueil, entre l'homme et Dieu, et les empêche de se reconnaître et de se toucher par le culte même que le Christ avait pétri de son sang. Arrière les Soultre qui, en présence d'un Farnèse, venant postuler sincèrement son billet de confession, s'ingèrent en contrôle de socialisme. Tout est socialisme hors de la féodalité; et quand la charité refuse de réaliser la communauté sociale, tout est communisme.

Et supposé que cette prétention de l'absolutisme féodal, que M. de Montalembert revendique sans oser le dire nettement, eût prévalu au début de la renaissance, que serait-il arrivé? Luther et Melancthon agenouillés aux pieds d'un inquisiteur, auraient reçu la discipline pour les frasques de la cour de Rome, et les bûchers fumeraient encore ; et Chateaubriand bornant son génie à paraphraser les mercuriales du desservant de son village, nous eût enseigné qu'entre le christianisme et la loi naturelle il n'existe rien de commun. Un argument bien plus grave prend le prêtre au collet pour l'expulser des affaires, même en qualité de citoyen. C'est que la parole que vous dites infaillible à l'église ne doit pas s'aller faire battre au forum ; car dans l'orateur qu'elle aura bousculé au forum, difficilement la liberté ira chercher son directeur à l'église.

Il est pour le prêtre un intérêt bien autrement grand que l'intérêt politique, c'est l'intérêt religieux ; et plus pressant que le progrès général, c'est le progrès personnel. Dès le moment où les yeux de la multitude sont ouverts, par la critique publique, sur la personne des pouvoirs, l'église, le premier de tous, est frappée d'une obligation nouvelle, celle du devoir philosophique. Toute œuvre de propagande sociale est une mission publique qui implique, comme préliminaire indispensable, l'accomplissement d'un devoir personnel : celui de formuler par ses actions, les vérités qu'on prêche à la multitude, sous peine de fourvoyer le sens commun ; d'appeler sur soi le reproche d'hypocrisie ; et de compromettre dans les réactions provoquées par les passions de l'homme, le principe sacré dont il est l'indigne représentant.

Cela posé, le premier intérêt du temps est de constituer la lumière sociale, ou le dogme central qui doit éclairer le monde ; d'assurer la sécurité de l'esprit humain en l'arrachant aux miasmes croupissants de l'athéisme légal ; et pour cela faire, de dévoiler le rayon de l'unité divine et les rapports du code naturel avec le code chrétien.

Il s'agit donc aujourd'hui pour l'église rationnelle, non pas d'embrasser tous les cultes existants, avec leurs bannières, mais le culte philosophique qui ne prescrit pas ; et conséquemment de reconnaître la légitimité des vertus nées des formules rationnelles ou de l'idée philosophique; parce que l'idée philosophique n'est autre chose, dans le passé, qu'une annexe du décalogue; dans le présent, qu'un rayon de l'idée trinitaire.

Par là, l'église devient puissance virtuelle par la raison, dans la réalité intellectuelle, comme elle le fut par la foi sans examen dans le domaine politique. Incorporée par l'idée trinitaire à l'action perpétuelle de la providence, elle appelle à soi, comme des corollaires, tous les symboles poétiques qui ont fait trace dans l'histoire, et les symboles philosophiques nés sur le tronc de l'égalité.

Par eux introduite dans les horizons ternes de la fatalité antique, l'idée chrétienne en débrouille les confuses théogonies et trône, solitaire et puissante, dans ce ciel purifié du monde païen, où le regard découragé de la liberté ne rencontre sans elle que les fantômes de l'esclavage.

Il est donc temps de faire trève à ces anathèmes lancés, au nom de l'orthodoxie de la vieille forme, contre l'orthodoxie du principe, le rationalisme; qui n'est autre chose que cet ordre naturel que le christianisme est venu restaurer. Rien de plus dangereux aujourd'hui que de refouler, sous prétexte de révolution, la pensée publique des horizons du droit et de l'égalité, où l'entraînent les instincts du christianisme philosophique, la seule religion possible aujourd'hui.

Qu'importe que la vérité de l'avenir ne soit pas débarrassée de ses langes ; le passé ne pèse-t-il pas sur nous avec les scories de la décrépitude. Ces fureurs révolutionnaires qui nous épouvantent ont duré quelques mois : l'inquisition est un fleuve de sang qui traverse des siècles. En somme, un travail puissant d'unité fermente dans le monde, et l'idée unitaire, c'est la formule philosophique-chrétienne qui seule embrasse toutes les irradiations du génie et de la liberté.

Or, la vie de l'intelligence est universelle; et le propre de la pensée est d'embrasser le monde pour associer la personnalité de l'individu à l'existence universelle. C'est donc une nécessité première pour l'esprit humain de retrouver partout ses attributs réalisés et la présence de la justice suprême, avec les moyens de la liberté. Si vous ne me faites enfant de Dieu que sous un symbole et dans un seul temps, vous frappez à mort ma pensée en ébranchant la Providence.

Objet politique du progrès.

Réaliser l'égalité morale par l'égalité matérielle; réaliser l'éternel idéal qui sollicite la pensée depuis Homère et Virgile par tout ce qu'il y a dans l'âme de sentiments religieux, d'instincts sociaux et patriotiques, de poétique enthousiasme et de science philosophique; purger les cultes naturels de leur alliage humain par le principe de la solidarité des vertus et des vices, et les rattacher par leurs fibres divines aux tables du Sinaï; dégager des vieilles formules démocratiques tout ce que leur système disciplinaire renfermait de formes protectrices, réalisant au profit de tous les hautes fonctions préventives de l'intelligence, pour composer au centre de l'état philosophique et chrétien cette paternité publique qui doit assurer à chacun, par le droit et la charité, par l'initiative individuelle et l'initiative centrale, le moyen de manifester ses aptitudes sociales; tel est l'objet du progrès politique. La gloire séculaire n'est pas une bévue, et le génie humain ne radote pas lorsqu'il soutient, depuis La Bruyère jusqu'à M. de Cormenin, que nous n'avons rien appris en morale, depuis Socrate; en philosophie, depuis Platon; en politique, depuis Aristote; que les renommées de Virgile et d'Homère dépassent les plus grandes illustrations de ce temps, et que les efforts des peuples anciens pour la liberté rivalisent de grandeur avec les plus sublimes traits du patriotisme moderne. Que reste-t-il donc à faire que de fixer le centre de la gravitation humaine, au milieu de ces splendides horizons du monde intellectuel où se jouent les rêves de notre jeunesse classique, et les aspirations de notre maturité. Toutes les forces des progrès humains sont résumées dans la formule républicaine: liberté, égalité, fraternité,

L'Idée républicaine.

C'est l'égalité primitive absorbée par le dogme chrétien et refleurie de sa sève; cette éternelle idée d'unité divine et humaine qui, après avoir nourri toutes les fructifications du génie antique, déployé sa formule universelle dans la personne du Messie, absorbé pendant le moyen-âge les formes vides de la civilisation naturelle, et déployé sur nos horizons, par la main des arts, l'immortelle défroque de l'antiquité démocratique, redescend aujourd'hui des hauteurs de l'idéal, dogme trinitaire-unitaire, pour emboiter le monde. Elle fleurit à l'obscur, par la foi, sur le plancher des vaches de la tradition, et recompose à petit bruit, à la couvée de la personnalité chrétienne, la synthèse des idées, par l'élimination de la matière; elle fleurit pompeusement au souffle du génie et des arts dans les cadres mouvants des harmonies célestes, et recompose au bruit des tonnerres de la révolution et des mille trompettes de la gloire, dans les tumultueux laboratoires du forum et de la publicité, la synthèse des formes sociales ou le type de l'égalité démocratique. L'idée républicaine se compose de trois éléments : elle a pour point de départ, le principe universel de la liberté; pour but final, la forme universelle de l'égalité: pour moyen de réalisation, l'instrument universel de la fraternité.

Formule républicaine. — Liberté.

La liberté a pour principe le dogme divin; mais l'idée divine n'est pas une abstraction inabordable à l'esprit, une loi que les passions humaines puissent accommoder à leur taille. C'est un principe universel dans ses causes, immuable dans ses attributs, et visible par les effets; c'est le Dieu dont les lois incarnées par la philosophie et les arts, illuminèrent toute l'antiquité naturelle, et versèrent sur ses olympes toutes ces idées sociales qui brillent disséminées dans son ciel, et que le Christ est venu fondre en un seul soleil et relier en faisceau, de sa ceinture sanglante. L'identité démontrée du Dieu de David et d'Homère, avec la trinité chrétienne, compose le grand luminaire politique de la liberté.

La liberté a pour instrument un culte : mais le culte-levier de la liberté n'est pas non plus une loi imaginaire et facultative, une puissance susceptible d'être inventée ou modifiée. Chargé de réaliser des idées universelles, il faut que le culte religieux en possède les attributs; qu'il harmonise l'ame par toutes ses fibres avec les attributs du créateur. Le vrai culte n'est donc pas celui que l'homme fait, mais celui qui fait l'homme; celui qui a fourni à la liberté toutes ses richesses de forme par le symbolisme naturel : *os homini sublime,... Cœlum tueri*; et toute sa sève d'enthousiasme par le symbolisme révélé.

Le culte naturel, produit de la liberté, s'impose à la raison comme l'évidence : l'ordre céleste déclare le maître des choses, et l'homme reconnaît son Dieu. Voilà pourquoi le pouvoir politique qui en incarne les lois, s'impose à la vérité par le droit naturel et hiérarchique du génie, comme l'idée divine à la raison. Le culte chrétien, octroi de Dieu, se démontre par ses effets humains. Le Christ étend ses bras en croix pour embrasser le monde, et l'homme reconnaît la paternité divine. Voilà pourquoi le pouvoir politique sorti de la croix ne s'élève qu'en s'abaissant, et ne mérite d'être le premier de tous qu'en se faisant le serviteur de tous.

De l'identité de principe et de but des cultes naturel et révélé, il suit que l'intelligence pleine et entière du christianisme exige, comme disposition préalable, l'incarnation de la formule philosophique. Pour sentir et comprendre la vérité chrétienne, il faut connaître les types primitifs qu'elle est venue restaurer. Par la même raison, le christianisme ne saurait être compris et accepté par la philosophie, qu'autant qu'il se produit dans les conditions essentielles et l'humilité de sa nature.

Quand l'université, dépositaire de la matière philosophique, aura planté dans sa large cervelle l'axe du monde: *unus Deus, una fides, unum baptisma;* quand l'église aura compris que le soleil existait avant la langue de feu, et que l'étoile des mages n'a pas autre mission que de ramener la vie dans les horizons de l'intelligence humaine primitivement fécondés par le culte naturel; alors la vérité générale, le christianisme philosophique, monnoyé par l'Etat et jeté dans la circulation des idées par l'éducation publique, rétablira l'harmonie dans les intelligences, et, par l'union des idées, préparera la conciliation des intérêts. Alors l'égalité, qui rampe encore sur glèbe, prendra les ailes d'Icare, et sans craindre la chute de l'ancien, elle ira teindre son génie aux feux de l'inextinguible soleil. *Aspice convexo nutantem.*

Egalité.

L'égalité naturelle n'a qu'un principe : l'incarnation de l'esprit et l'élimination de la matière ; une loi : le culte naturel ; un formulaire universel : l'architecture céleste (1) ; un terrain d'application : le culte des champs ; une base : le droit. Sur cette base du droit, le suffrage universel retranchera de l'arbre féodal qui nous porte, les superfluités luxueuses qui chargent nos mœurs, les préjugés hiérarchiques qui grèvent notre raison. Sollicitée par les harmonies cosmogoniques, et les sympathies de l'art qui en répète les beautés, la liberté arrachera le prolétaire aux industries malsaines, aux travaux écrasants et dégradants, pour ramener le monde, sans secousse, à ce rouage universel d'où la philosophie et la religion de concert ont déduit le type de l'égalité : non pas ce niveau funèbre et glacé d'un champ de mort, mais cet équilibre flottant de mœurs, de conditions et d'idées, qui répète les attributs de la Providence comme une mer calmée réfléchit le Ciel.

Les lettres, sciences, beaux-arts, industrie sont un moyen et non pas un but : le moyen de reconstruire l'unité de l'homme par l'équilibre de l'esprit et des sens ; et la synthèse sociale par l'équilibre des idées et des intérêts. *Deus dedit paradisum homini ut laboraretur*, voilà la condi-

---

(1) Toutes les fois que la pensée humaine, rejetée par le flot de la tradition sur les sables du scepticisme, a été mise en demeure de chercher son pôle et son méridien, elle a posé son levier sur la charpente céleste. ex. : les francs-juges et les francs-maçons.

tion humaine ; *Cœli enarrant*, voilà le moule; *Cœlum tueri*, voilà l'instrument et le moyen; *mites possidebunt terram*, confirmation de la première loi. *L'homme est le lecteur du poème divin*, impossible à l'égalité de franchir ce cercle de fer. La pensée emportée par les attractions célestes et modélant sur les patrons divins ses formes temporelles; l'intelligence ordonnée avec l'infini et pâturant à son foyer l'idée éternelle; le corps discipliné dans ses besoins bornés par une force immense dans ses profusions nourricières, et qui cependant ferme à l'ambition des biens de la terre toute perspective illimitée : la loi de la gravitation égalitaire et de l'harmonie humaine n'est pas ailleurs. Le cours du progrès républicain tend donc à ramener la société vers l'agriculture. *Alors la France rentrera largement dans les préméditations de la nature sur ses destinées : magna parens frugum* (Presse). Elle y rentrera, non-seulement par la pente de sa nature et la force de ses lois autocthones, mais par la nécessité irrésistible de l'équilibre humain ; par la force séculaire du génie et du progrès, levier plus puissant dans la contrée légataire d'Athènes que sur aucun autre point du globe; *et parce qu'il y a dans cette perpétuelle collaboration du laboureur et de la Providence, je ne sais quoi de religieux qui incline l'ame à la piété.*

La science de l'égalité comprend toutes les formes normales ou corrompues qui ont végété sur le tronc des cultes naturel et révélé, les fruits salubres ou véreux qui pendent aux branches de l'arbre de science, et la faculté de distinguer l'alliage des passions et la substance de la vérité dans les théogonies et tous les autres produits de la poétique naturelle ; de distinguer le dogme indéfectible et les actes de la liberté dans un inquisiteur ; la vertu défensive d'un Melanchton dont la raison se borne à protester contre les immoralités de la tiare, et l'orgueil ambitieux d'un Calvin qui ne prêche l'émancipation à la foule que pour la garrotter à son joug de fer.

Deux routes conduisent à l'égalité : le rationalisme naturel et la voie chrétienne ; le droit et la charité. Et cependant l'égalité par le droit rigoureux est impossible. Quelle est en effet la première application du droit ? C'est que la vie de l'homme qui prime tous les capitaux dans le code, soit appréciée selon sa valeur et son titre légal dans les rapports du capital avec le travail. Dix ouvriers d'un côté, cent mille francs de l'autre, douze mille francs de produit. Les dix travailleurs touchent aujourd'hui mille écus, taux du monopole ; c'est 7, 8, 9 mille francs, c'est une part supérieure à celle du maître qu'il leur faut, le code jugeant ; mais combien de plus ? Comment déterminer par la limite rigoureuse du droit écrit la valeur de la vie dans son rapport avec le capital ? Ce n'est pas tout. Il est bien peu de capitaux qui ne représentent une valeur intellectuelle. Ce bloc d'argent n'est qu'un brut métal dans les coffres de son possesseur, soit ; mais il a travaillé dans ses mains avant sa saison stérile. Ces machines de fer et de bois d'où ruissèlent par la main de l'ouvrier le luxe et la richesse d'un pays, ne représentent dans la solitude de leurs salles et leur immobilité matérielle que la valeur de quelques sacs d'écus, c'est vrai ; mais il a fallu des siècles d'études pour engendrer cette mécanique savante, et vingt générations d'hommes de génie se sont usées dans l'ombre pour arracher à la nature ses forces latentes et les changer en dragons de feu dont un enfant tient aujourd'hui les rênes. Comment déterminer l'apport commun des intelligences et le droit personnel dans ce fonds commun et roulant de la matière et de l'idée? L'égalité appliquée, l'égalité du code, *l'égalité entre le producteur et le consommateur* de Chateaubriand, c'est le renversement de la société présente. Nécessité pour les grosses fortunes de dégringoler plus vite que du pas, au risque de se casser bras et jambes. Vous aviez vingt mille francs de revenu, vous en aurez quinze, douze, neuf mille., et si vous comptez dans cette nombreuse catégorie d'existences à qui n'est possible de plier qu'en rompant, le premier ébranlement de fortune vous jettera sur la litière. Déclassement subit pour les fortunes médiocres de 1200, 1300, 2000 fr. de revenu, et qui, réduites par le droit rigoureux au tiers de leur budget, se trouveront tout-à-coup en présence de la bêche qu'elles n'ont pas la force de manier, ou du rabot qu'elles n'ont pas appris à conduire. L'égalité admise par le droit absolu, le monde chrétien est descellé sur son axe; plus de miséricorde et de réciproque concession. Sacrifice, tolérance, charité, pardon des injures, tout disparaît. — Voilà un homme qui a tenté de brûler ma maison, je demande à brûler la sienne: mon boucher m'a fraudé d'une livre de viande, il m'en faut une de sa chair. Toi? Je sais que de moi tu médis l'an passé: guerre de paroles et d'écrits; prise aux cheveux dans les carrefours de la publicité; guerre d'audiences, fleuret au bout, sinon quelque pistolet biseauté.

A part ces difficultés, restent à l'égalité l'insuffisance de son culte religieux ; l'impossibilité de son symbole politique; l'infirmité de sa loi morale ou philosophique qui ne permettait qu'au génie de dégager la loi de sa personnalité dans ses rapports avec le monde physique, et qui, politiquement, appesantissait sur la pensée ce contraste impénétrable au vulgaire, savoir, que le culte de la liberté était imposé par la loi.

Fraternité.

Le dogme chrétien a jeté deux floraisons : la chevalerie et l'art ; la foi d'instinct, imposée comme les langes à l'enfant; la foi de maturité conquise par la raison. L'honneur chevalier, c'est la beauté de l'enfance sociale qui s'est mirée dans le type divin, et qui transmet par la filiation de la chair et du sang, dans le sommeil de l'intelligence, la formule du beau; l'enthousiasme du poète, c'est le reflet de Jéhovah et des dieux homériques, saisi par le génie dans le panorama du monde. Au seuil de la renaissance, le poète recueille des mains du chevalier, dans le prisme des arts, le type de l'honneur, et réfléchit sur la société, l'effigie divine. Si le type du beau n'eût rayonné dans la personne du chevalier à l'entrée de la renaissance, le verbe eût manqué au génie moderne et la renaissance n'aurait point fleuri. Si le poète eût manqué au chevalier, venu l'âge des lumières, les vertus chrétiennes submergées dans la nuit du moyen-âge laisseraient la société moderne sans archives religieuses, et nous serions emportés , sans souvenirs et sans espérances, dans le torrent de la fatalité.

Historiquement, le chevalier conservateur de la foi par qui furent rallumées les lettres modernes, fut l'ancêtre du poète : philosophiquement, le poète, nourrisson de David et d'Homère, primogéniture le chevalier. Au point de vue religieux, la philosophie et la foi se confondent, rayons partis du Sinaï et du Calvaire, dans l'immense rayonnement divin qui trace à travers les temps, le trajet de la distance sociale jusqu'aux dernières évolutions du progrès, en fixant autour du type chrétien les zones philosophiques où fleurissent les formes de l'égalité démocratique naturelle.

Dans les tempêtes du rationalisme, et l'impossibilité absolue d'un culte naturel, la fatalité traditionnelle fut et sera longtemps encore une force nécessaire pour ramener les explorations de la raison individuelle au principe restaurateur des formules philosophiques : le dogme chrétien. Dans l'absence de l'égalité que nous poursuivons et au milieu des défaillances de la vérité religieuse, la force philosophique est la sape et la mine indispensables pour soulever les décombres qui pèsent sur la foi nationale, et pour ouvrir au rayonnnement du dogme chrétien, les horizons du droit commun.

Abstraction faite de notre passé chrétien et de l'avenir que la croix nous prépare, qu'est-ce que la société présente, avec sa matérialité brutale , ses égoïsmes, ses scepticismes, son industrialisme automate et sa politique impuissante surchargée d'embarras sociaux? C'est une enfance senile qui radote ses dégoûtantes nudités avec l'impudeur de la jeunesse débauchée, et bave en plein soleil les scories de sa décrépitude. Et d'un autre côté, qu'est-ce que la société catholique séparée des applications démocratiques et frustrée de l'optique de l'égalité? C'est un enfant monstre qui déchire, en rugissant, sa nourriture; c'est une orgie nocturne, prolongée sur les carrefours en plein midi; c'est une caravane entassée, en se cabrant dans un chemin de catacombes.

La combinaison des deux principes rationnel et révélé constitue la fraternité. Elle descendit de ces bras ouverts sur le Golgotha, pour embrasser le monde, et se nourrit du sang chrétien qui emporta dans ses torrents les souillures du monde païen. C'est la fibre divine renouant les liens de l'harmonie humaine par tous les horizons de l'intelligence, et réconciliant dans l'homme l'autorité avec la liberté, par toutes les sympathies de l'histoire et de l'art.

La charité, dévouement armé, ne protégeait le faible qu'à la portée de son bras. La fraternité, sympathie de l'intelligence, étend sa protection dans le temps et l'espace. Produit de la foi qui procède par inspirations imprévues, *sicut fur*, la charité est une puissance casuelle, intérieure et mystique, qui n'existe qu'à condition de se cacher dans l'ombre du mystère où l'invisible visiteur lui verse ses dons *cachés à la main gauche*..... Produit de la liberté, dont les sources coulent des quatre vents, la fraternité n'existe qu'à condition de se montrer par ses actes : *le poële doit être un poème.* Dans la charité, c'est Dieu qui se donne spontanément à l'homme; et quel homme tient le maître des choses à sa disposition? Dans la fraternité, c'est la liberté humaine qui reconquiert les attributs de Dieu ; et à quelle fin Dieu révèle t-il ses dons au génie, sinon pour qu'il les épanouisse en rosée féconde sur la glèbe populaire?

La fraternité résume dans son symbole le principe virtuel des deux cultes, naturel et révélé, droit et charité: les deux éléments de la civilisation universelle. Elle nous explique la nature des deux partis, rationnaliste et traditionel, et déduit la nécessité des réciproques concessions qu'ils se doivent du rôle que chacun d'eux a joué dans la destinée publique. Elle nous enseigne que la tradition procède du *fait* pour régénérer le droit : d'un fait unique et fatal couvrant de sa légitimité toutes les réalités qui lui servirent de base politique, pour développer la personnalité humaine par l'égalité, en retenant la société autour d'une formule puissante et féconde qui donne pour dernier terme de perfection l'abnégation absolue et le sacrifice du sang.

Que la démocratie procède du droit pour régénérer le fait; pour rendre à la liberté sa base matérielle ; à l'égalité, sa forme visible. Et de là dérivent les devoirs politiques des deux partis et le principe de leur légitimité sociale. Qu'est-ce aujourd'hui que la tradition? Un souvenir ; le souvenir d'un sacrifice sanglant au principe rédempteur de l'égalité. En vérité, l'homme qui s'honore d'être le fils de son père parce que son père versa son sang pour la défense de l'orphelin, serait bien mal venu à revendiquer ses droits de filiation, s'il lui en coûtait plus de verser un peu d'or aux besoins de la liberté et du génie dans une société fleurissante et civilisée, qu'il n'en coûta jadis à ses pères de répandre leur sang pour une société enténébrée et dans les langes. Lui-même, d'ailleurs, ne doit-il rien à la démocratie? N'est-ce pas le peuple qui le dépouilla par les arts des écailles féodales, et peupla la nudité des manoirs, en substituant aux emblêmes bruts de la force les décorations de la pensée? N'est-ce pas l'artiste populaire qui a remplacé cette aventureuse existence de la fantaisie guerrière qui n'existait pour chacun que dans la mesure de sa force personnelle, par ce monde impérissable de la fantaisie poétique, où, grâce au privilège de l'intelligence, les créations du génie et les prodiges de l'imagination la plus féconde deviennent la propriété de tous? D'un autre côté, quel est le type social poursuivi par la philosophie? Evidemment ce n'est pas dans la richesse et le luxe qu'il faut le chercher. Plus elle est simple dans ses formes, la liberté, et détachée des superfluités de la fortune, plus elle est souveraine dans son for; et plus ses formes sont susceptibles d'être généralisées, plus s'élargissent les bases de la souveraineté nationale. En arrachant le peuple à la direction de la foi sans examen, la philosophie s'impose donc le devoir de continuer sur lui la direction morale, de formuler à ses yeux l'idéal qu'il est appelé lui-même à réaliser; le type de l'égalité démocratique.

Dans le devoir philosophique et traditionnel prend source un droit général où convergent toutes les fibres de la conciliation politique : le droit pour l'homme de la tradition et pour le démocrate d'exister, chacun dans la plénitude et avec tous les éléments de sa personnalité morale : voilà l'égalité. Or, la personnalité morale dans l'homme du blason se nourrit de toutes les réalités qui forment par le rôle et le nom des individus, la chaîne traditionnelle de l'histoire, et qui se résument, pour lui, dans un signe distinctif et individuel, incorporé à son nom. Mutiler son nom, c'est décapiter sa race et retrancher à sa pensée le champ de l'infini qui n'existe, pour la lignée traditionnelle et dans l'ordre des réalités sociales, que dans les horizons du passé. Pour le démocrate, la personnalite morale se compose de toutes les réalités que la charrue du progrès doit faire sortir des germes déposés par le fleuve traditionnel sur le champ de la civilisation, pour le développement de l'individualité humaine : toutes réalités qui convergent au tronc commun du droit. Nier le droit, c'est couper le progrès par le tronc et attaquer la démocratie dans ses racines ; c'est fermer la perspective de l'avenir et retrancher à la pensée démocratique le champ immense où elle trouve, avec les formes de l'égalité naturelle, l'application de la parole chrétienne ; c'est-à-dire la justification du passé, la sécurité du présent et la garantie de l'avenir.

Cuique suum : A chacun son levier pour féconder le sol et concourir à l'édification sociale. Quels sacrifices de fortune pouvez-vous espérer de la tradition, si en lui barrant la vue de son passé, vous ne lui montrez dans l'avenir religieux qu'un abîme? Quelle régularité d'action peut-on attendre de la démocratie, si en lui masquant ses futuritions égalitaires par ce rideau barbouillé de diables, de bourreaux tonsurés et de chemises ensouffrées, vous la repoussez dans ces cachots féodaux, où elle souffre dix siècles de tortures? La révolution s'était donc trompée en décapitant notre histoire de la chevalerie; ou pour mieux dire, elle avait poussé la réaction jusqu'à l'impossible. Ravager nos annales, c'est proscrire l'art qui en est issu, et condamner à mort, en premier lieu, les chefs-d'œuvre de Voltaire. Et comme la fraternité philosophico-chrétienne implique dans ses éléments de vie toutes les réalités par qui fut nourrie la pensée nationale d'où nous dérivons, et que la chevalerie, collaborateur armé de la milice pensante, est un de ces éléments fondamentaux; briser l'écusson de la chevalerie avec ses reflets de gloire, c'est rompre ce prisme merveilleux de la nationalité française où viennent se recomposer tous les rayons de l'harmonie humaine; c'est renverser les immortels olympes qui jouent dans ses facettes avec les éternelles traditions de l'honnête et du beau, depuis Thémistocle jusqu'à Bayard. La fusion du type antique et de la sève chrétienne produit ces rayonnantes figures de la poétique moderne, en qui l'ampleur et la noblesse des idées se trahit par la richesse des profils et l'épanouissement de la forme, incarnation de la politique rationnelle et de la fraternité, dont Lamartine et Chateaubriand ont fourni les plus illustres modèles.

D'une main, la fraternité verse à torrents sur

la glèbe prolétaire, les fruits du génie et du savoir, convertis en instrument de travail, propriétés futures, libertés créatrices, égalités fécondes, mitigées par la foi ; de l'autre, rallumant la foi par les lumières au sein du privilège qu'elle dépouille de son enveloppe matérielle et de ses égoïsmes, comme le soleil fond l'avalanche pour fertiliser la vallée ; elle fait raisonner dans son âme les sympathies du cœur et de l'esprit, comme un instrument submergé dans le sable retrouve en se vidant sa sonorité naturelle et les mélodies perdues.

Ce livre fait, nous avons lu dans les Mémoires d'Outre-tombe ce qui suit : « le *Génie du christia-*
» *nisme* étant encore à faire, je le composerais
» tout différemment : au lieu de rappeler les
» bienfaits et les institutions de notre religion au
» passé, je ferais voir que le christianisme est la
» pensée de l'avenir et de la liberté humaine ;
» que cette pensée rédemptrice et Messie est le
» seul fondement de l'égalité sociale ; qu'elle
» seule la peut établir, parce qu'elle place au-
» près de cette égalité la nécessité du devoir cor-
» rectif et régulateur de l'instinct démocratique. »
Avons-nous répondu de loin à la pensée du maître ? Coup de vent heureux qui vient nous prêter force au milieu des rescifs, en nous remplissant d'amertume ! Quelle main, en effet, quelle toile, quel chevalet et quel atelier ; qu'une main mutilée, une toile déchirée par les vents, une planche entre lame et rescifs pour esquisser la synthèse rationnelle ! Qu'eût été cette exposition de philosophie chrétienne sous la plume du grand homme dont nous suivons obscurément les pas ?

Le Socialisme.

L'idée républicaine a fleuri en silence tant qu'a subsisté le vieil équilibre social ; le catholicisme sans examen trônant au faîte des idées ; l'initiative politique dans les mains de la monarchie; les mineurs et les orphelins protégés par l'église et nourris par la charité. *Plus d'un siècle était* peut-être *nécessaire pour achever l'éducation libre des peuples et la réalisation du droit commun.* Le jour où le monopole a crevé de trop plein, où la charité dégénérée a déclaré le peuple exclu du banquet de la vie, l'autorité traditionnelle est morte avec la caste et l'octroi; l'autorité rationnelle est née avec le droit et l'égalité.

Chassée par un coup de foudre des limbes de l'espérance, la république est venue, sur les barricades, arracher son symbole, avec le forceps des entrailles du temps, et renouer la chaîne rompue des destinées de la France. En enlevant sur ses bras de la chapelle des Tuileries le résidu immortel de la tradition, la Croix, pour la porter en triomphe dans l'église paroissiale de St-Roch, c'est-à-dire à la garde du droit commun, le peuple a fait ce que la monarchie n'avait pas su faire ; il s'est déclaré majeur et fils aîné de l'église à son tour. La souveraineté a mué : le souverain qui ne meurt pas a pris sur ses épaules le souverain par qui tout existe. Le pouvoir monarchique est devenu collectif; la charité, fraternité; l'oligarchie, socialisme. Inoculée aux masses par le suffrage universel, l'idée républicaine, accélérée dans sa marche, prend devoir de réaliser simultanément et universellement le droit dans son minimum; d'assurer à chacun le libre exercice de sa personnalité, par la raison que le peuple étant devenu le principe de la vie politique, la faculté de vivre civilement et matériellement, la possession de l'aliment et de l'abri est une nécessité de premier ordre pour lui.

A ce besoin nouveau amené par la croissance de la personnalité publique, doit correspondre par conséquent une évolution économique et sociale. Le progrès lent, successif, individuel; l'accession casuelle du prolétaire à la propriété par le vieux mécanisme de l'octroi ne suffit plus. Plus ne convient au droit commun devenu souverain, de ramper sous le ventre des moutons pour émerger de l'antre du monopole. Libre pratique dans l'océan des idées, libre accès au forum, place pour tous au banquet de la communauté sociale. Mais ce minimum universel, comment le réaliser? Par l'égalité légale? c'est le bouleversement de la propriété; par la charité? elle est morte.

Le socialisme conjuguant les deux symboles, philosophique et révélé, procède à la réalisation de la communauté sociale, par le double procédé du droit et de la charité, par l'initiative individuelle et l'initiative centrale.

Par l'affirmation chrétienne et l'enseignement rationnel, l'Etat socialiste initiant les masses à la formule philosophique, le vestibule du christianisme, renoue à la conscience humaine le dogme révélé, que le sceptre et la baïonnette avaient seuls inoculé au monde jusqu'à ce jour. En appropriant à chacun avec le dogme divin le principe philosophique de la liberté, il extirpe de la raison publique le virus du communisme, et enracine dans les couches superposées des cultes naturel et chrétien les éléments de la personnalité individuelle : et là est le principe le plus absolu de la propriété. Car en fesant chaque homme propriétaire de l'idée souveraine, doté d'un droit, celui de manifester Dieu ; grevé d'un devoir, celui d'épanouir les sympathies nées de ses lumières, le socialisme ou christianisme philosophique associe à la pérennité du principe moral, le principe matériel de la propriété, et donne à la liberté purgée de fatalisme une base inébranlable.

Par l'affirmation du droit, il pose le principe souverain de la communauté, en exclusion du fatalisme, et donne à la liberté son complément matériel. Et le droit, c'est la participation de l'ouvrier aux bénéfices ; c'est le dégrèvement du pauvre jusqu'à concurrence du nécessaire ; réduction des salaires ; institutions de crédit ; élection appliquée à la distribution des fonctions ; incompatibilité des fonctions rétribuées avec la fortune personnelle ; et autres gradins qui amèneront le prolétariat et le monopole aux zones tempérées de l'égalité.

J'entends mon voisin de droite se refuser à descendre et soutenir que les choses vont bien comme cela ; mais je vois aussi mon voisin de gauche arriver avec le code, c'est-à-dire avec la sape et la mine aux pieds de la montagne, pour la faire sauter, au nom de l'*égalité entre le producteur et le consommateur*. Oui, nous voilà six ouvriers pour une terre de cent mille francs; produit net, six mille livres. C'est quatre mille au moins qu'il en faut à Bonhomme: est-ce entendu? Ici arrivent les formules économiques, œuvre compliquée, pour interposer l'action centrale du pouvoir entre le travail et le capital, dans le but de réfréner les débordements du monopole et de modérer les réactions du droit commun.

Le socialisme est cela, ou il n'est rien; il fait sortir le progrès de la tradition et conserve la substance traditionnelle dans le lit du progrès; il assure la communauté; il sauvegarde le droit individuel; il donne un corps aux instincts de la fraternité et organise les droits et les devoirs dont elle est la source. Par la liberté individuelle, par le contrat moral, par la dignité toujours grandissante sur la base du droit, il corrige les excès du pouvoir sans contrôle, prévient les écarts de l'orgueil et les abus de l'octroi.

Par le devoir, redevance divine et de concession réciproque que la foi impose, il apprend à respecter le fait, émousse les rigueurs du droit et rappelle l'égalité à sa loi philosophique : *homo sum*, et à son type social, la médiocrité. Le socialisme résout le problème religieux et celui du prolétariat; le principe est la forme de la société, en dessinant au fond du catholicisme, avec l'idée trinitaire, ce qu'il a d'éternellement exclusif, et en traçant les routes qui, de ce foyer divergent par les travaux des arts et de l'industrie, vers les horizons rationnels, pour y donner à la sève chrétienne toutes ses applications de droit et d'égalité.

Il donne sa triple base religieuse, philosophique et politique à la légitimité présente. Quand le penple aura la multiplication avant la parabole, il reconnaîtra son Christ et croira; et lorsqu'assuré de ses premiers besoins. et redevenu roi de la création, il sera libre de réaliser les types d'art, qui formulent à ses yeux les vérités rationelles; de pratiquer la fière indépendance d'un citoyen d'Athènes, la rude franchise d'une Spartiate et l'intégrité d'un vieux Romain, il aura tôt pénétré dans les secrets de l'ordre naturel, et trouvé la chaîne des vérités dogmatiques qui raccorde la philosophie à la foi. Alors aussi le suffrage universel, qui n'est encore qu'un torrent mutiné dans les criques étroites et les aqueducs du monopole, fouettant de ses flots libres les fausses ambitions qui cherchent en lui leur piédestal, submergera les vanités et les égoïsmes qui nous trompent, au profit de la hiérarchie du génie et de la vertu.

Le socialisme change la négation protestante en affirmation et donne pour objet à cette affirmation les dogmes naturels ou philosophiques, appuyés sur ces lois disciplinaires qu'empruntèrent en partie, à l'antiquité, les réformateurs de la renaissance. Le socialisme n'invente rien : il frappe à tous les degrés de la hiérarchie pour en faire jaillir ce qu'ils renferment de superflu. Il amène à leur maturité les fruits dont la tradition a semé le germe; il recueille sur les carrefours les orphelins de la famille dantesque, que les abus de la force jettent sur le sable de l'athéisme légal, et change en phares lumineux des forces dont l'iniquité sociale eût fait d'orageux météores. Il féconde la charité en la ramenant à l'humilité de sa nature, à la douceur de la grâce, aux mystères de la solitude. Il laisse au vieux catholicisme sa résignation, mais il fait peser sur tout le monde la loi divine : résignation chez le riche pour accepter la suprématie du génie sans fortune, résignation chez le pauvre pour accepter la condition du riche oisif sans le renverser, par le droit du travail.

Produit du génie et de la foi, le socialisme complète l'œuvre de restauration démocratique qui a rempli tout le moyen-âge. La société à sa renaissance étudia dans le monde classique les lois de l'égalité; la société dans sa jeunesse en a ressemé le germe au milieu des orages de son printemps ; arrivée à sa maturité, elle veut moissonner les fruits qu'elle a tant de fois arrosés de son sang. Le socialisme marie sur l'autel de la concorde la philosophie et la foi, la trinité divine et la trinité humaine, par les six mille ans de génie que la souveraineté absolue a transpiré par tous ses pores pour manifester ses attributs à la liberté.

Prêchez à l'adolescent tant que vous voudrez l'amour des lisières ; l'homme aujourd'hui se veut formuler d'après ces influences d'ordre et de liberté qui lui tombent du ciel sur les épaules; d'après ce rayonnement de génie qui de tous les prismes de l'art, réflecteurs divins, illumine son cœur et sa pensée. Il cherche l'inconnu, le pourquoi de tout, le niveau général des idées, le lien de la religion et de la raison. Et ces deux grands spectres, christianisme et liberté, dont il entrevoit confusément l'auréole dans les lointains tumultueux du forum, lui persuadent que le jour approche où il touchera la vérité de la main.

En conciliant les deux symboles de l'avenir et du passé par leurs affinités philosophiques et divines, le socialisme assigne à chaque parti son rôle normal dans la société ; à la démocratie, les fonctions politiques et les emplois salariés ; les piocheurs, les mineurs, éclaireurs, soudeurs et vigies aux avant-postes. Explorateur de la destinée humaine, le génie sait les passages du nord et les visions de l'avenir : à lui à percer les horizons qui nous bornent. Phénix toujours plus beau, plus de bûchers il traverse, sa large et solide envergure ne s'effraie pas plus des équinoxes de l'égalité, que son regard ne craint le soleil ou la foudre. A l'homme des traditions, les fonctions civiles, gratuites, honorifiques : enraciné au sol par la richesse territoriale, à la foi sans examen par l'éducation domestique, incrusté par son nom aux cartulaires de l'honneur national, le devoir d'en incarner les lois pèse sur lui fatalement.

Modérer les masses par ces pacifiques influences qu'à la longue conquiert l'habitude de la pratique chrétienne ; nourrir l'esprit de famille, l'amour du sol et le sentiment religieux, non par des paroles, écrits, journaux, romans à la façon des feuilletons de M. de Pontmartin, toutes choses qui ne se trouvent pas sur le catéchisme des vieux chevaliers ; mais par l'action : l'action discrète et cachée ; par ces fécondités providentielles de la charité qui se fit accepter dans le monde par le sacrifice.

La démocratie plante les jalons de la terre promise ; la tradition rattache la philosophie moderne à son point de départ : le dogme chrétien, qu'elle a mission de mettre de plus en plus en lumière en continuant l'œuvre des chevaliers dans la forme voulue par les nécessités de ce temps. Ils suaient l'honneur par le sang : mais le sang n'est plus à répandre pour le salut politique du dogme chrétien depuis qu'il est le noyau lumineux de nos chefs-d'œuvre.

Exhaler l'honneur par le sacrifice de l'or et des préjugés au profit de la souveraineté du peuple, le piédestal nouveau du christianisme philosophique; voilà la mission des hommes de la vieille société. « Elle fait semblant de vivre, *et n'en est pas moins à l'agonie. Quand elle sera expirée, elle se décomposera afin de se reproduire sous des formes nouvelles; mais il faut d'abord qu'elle succombe.* (1) Qu'elle meure à la caste, pour renaître à l'égalité; qu'elle abdique la prépondérance du marc pour retrouver par la virtualité de sa foi, l'auréole des pouvoirs, la majesté de l'histoire, le respect des souvenirs et cette hiérarchie sympathique de l'intelligence qui grandit avec les années, comme le soleil couchant élargit son disque en amortissant ses rayons quand tout est plein de sa lumière.

Par son équilibre hiérarchique, le socialisme prévient les collisions du *droit* et du *fait*. Il empêche l'idée et la propriété mobile du travail de se ruer sur le *fait*, ou la propriété fatale de l'occupation héréditaire, parce qu'il y aurait là violation du procédé de propagande philosophique, — *Frappe, mais écoute*; — et attentat à la nature de la loi chrétienne, — *J'étendrai mes bras en croix et j'attirerai le monde.* Mais il empêche le *fait* de barrer passage, en l'immobilisant aux futuritions démocratiques, promises au monde par le Christ : *mites possidebunt terram.* Car jamais le

(1) Mémoires d'Outre-tombe.

christianisme ne ferait accepter son passé politique, s'il s'obstinait à nier l'avenir philosophique qu'il a lui-même porté dans ses flancs.

Anti-Socialisme ou Communisme: — Où est l'autorité?

Le Socialisme tel que nous venons d'en esquisser les profils d'après la philosophie et l'histoire; le socialisme émané de sources traditionnelles de la pensée française, conjugue les deux forces politiques créées et représentées par le culte naturel et par le culte chrétien, autorité, liberté. Le faux socialisme ou le communisme se reconnaît donc à ce caractère, qu'il blesse à la fois l'évangile et le code, le principe philosophique et le principe religieux de l'initiative humaine, Pour reconnaître le loup sous la peau du mouton, il n'y a qu'à le faire défiler à la clarté des deux symboles de l'ordre social.

Le principe de la liberté, soit politique, soit philosophique, c'est le droit et le suffrage universel, d'où il résulte que les ennemis du vote universel et du droit sont les ennemis de la liberté. Ainsi donc, dynastiques, doctrinaires, fatalistes, hommes de monopole et de souveraineté individuelle, révolutionnaires plus ou moins dévastateurs, à la façon de M. Thiers; plus ou moins niveleurs, à la façon de M. Cousin, qui voulait raser même le château de Lagrange; mais libéraux, pas seulement du bout des ongles. La liberté absente, du côté des ennemis de la République, où chercher l'autorité? Dans la foi pure et sans examen? mais la foi, dans la pratique sociale, c'était le dévouement et le sacrifice, l'humilité et la pauvreté; qui en veut? La foi en politique, c'était l'église roi, le pouvoir inviolé, le dogme au bout d'un canon; qui fait de ces rêves? La vieille autorité politico-religieuse avait pour symbole la charité; qu'est-ce aujourd'hui que la charité? mensonge religieux, quand elle crie sur les toits *ego sum*, comme l'amour qui se vend dans la rue; mensonge politique, lorsqu'elle nie le droit pour l'octroi, parce qu'elle n'a plus le moyen de remplir son devoir de paternité sociale: ces hôpitaux, monastères, abbayes qui tenaient table mise pour le prolétariat; et la discipline de la société, pour garantir dans ces rapports du riche avec le pauvre le salut spirituel du dernier; mensonge philosophique, lorsqu'elle proclame en tribune la résignation comme le premier devoir chrétien, au lieu de la paternité qu'il fallait dire. N'avons-nous pas eu à traverser les chevaleresques débauches de ces rois qui se passaient les maîtresses de père en fils; les galanteries du grand siècle orthodoxées par Bossuet, et les orgies cardinalisées de la régence? Qu'est-ce que la résignation dans la corruption, sinon la mort? Non, le premier devoir de famille n'est pas la soumission de bas en haut, mais la protection de haut en bas; et dans la main qui le déchire au lieu de le nourrir, l'enfant ne reconnaîtra jamais sa mère.

Où donc chercher l'autorité? le pivot de l'édifice social, l'inextinguible foyer de l'idée, le principe inéluctable de l'harmonie individuelle et générale? Mais Dieu n'a pas déserté la montagne pour communiquer avec les hommes, et le génie n'a pas cessé d'être le truchement de Dieu. La végétation intellectuelle des arts n'est-elle pas l'arome divin qui indique la vérité religieuse, comme les fécondités printanières sont le témoignage matériel de la Providence? Ces idées de juste et de beau, ces vérités illuminées de chefs-d'œuvre qui parsèment la coupole de notre panthéon national, n'est-ce pas l'armée céleste dont le dogme divin est le centre? Et si la révélation n'est pas un mensonge; s'il existe des affinités essentielles entre la raison humaine et la foi, n'est-ce pas dans les orbites concentriques du génie qu'il faut chercher le foyer divin qui nous manque? Or s'il est une autorité sacrée aux hommes de la tradition, c'est celle de l'illustre écrivain qui releva les autels pendant le scepticisme de l'Empire; une gloire scellée du sceau de l'orthodoxie libérale et traditionnelle; un génie qui fut, aux diverses phases de son existence, l'épée de la monarchie et le bouclier de la démocratie. Et si Chateaubriand fait trace dans l'intelligence humaine, ce n'est point seulement par des magnificences de poète, mais par la pensée philosophique dont se nourrit son génie, et qui fournit la direction de ses ouvrages. C'est cette pensée qu'il faut dégager des fleurs qui l'enveloppent, pour retrouver la chaîne latente du progrès général, et la visée providentielle, à travers nos louvoyages et nos contre-courants. Car l'auteur du génie du christianisme n'est pas un assembleur de nuages, je m'imagine, et n'a pas son drapeau dans la catégorie des refondeurs. Explorateur de la destinée humaine, il a penché, l'un vers l'autre, le monde antique et le monde chrétien, et les a forcés de se mêler par leurs horizons poétiques. Or, toute la pensée philosophique de Chateaubriand est renfermée dans les deux propositions suivantes qui brillent comme deux phares, aux deux bouts de sa carrière :

Le christianisme n'est que la loi naturelle lavée de la tache originelle. On verra ici, nous l'espérons, la restauration rationnelle clairemeut indiquée. C'est d'ailleurs toujours la pensée de l'église : *imagini suæ formam, decus reddere.* Et cet ordre naturel, objet du progrès chrétien, qu'est-il ? — C'est l'*égalité démocratique naturelle devant les hommes comme elle existait devant Dieu.* Et le moyen d'arriver à cette égalité? Nous continuons à dialoguer avec la pensée du maître, — c'est l'*émancipation du salariat qui n'est qu'un esclavage prolongé.* Et le mode de l'émancipation prolétaire, Chateaubriand l'indique encore : c'est l'*égalité entre le producteur et le consommateur.* Voilà l'évolution socialiste ; l'application simultanée du droit, moins le correctif de la fraternité. Mais le progrès est-il indifférent à la vérité religieuse? La société *parfaite*, objet final du progrès, est-elle autre chose qu'un reflet de la pensée divine? Et le grand homme qui consuma les plus vertes années de son génie à composer, avec les fructifications sociales du christianisme, la plus riche couronne de notre musée chrétien, a-t-il pu fermer les yeux sur le rôle dévolu à l'église au centre de nos transformations? LA RELIGION CHRÉTIENNE, dit Chateaubriand, et c'est la seconde proposition dont nous avons parlé, CESSE D'ÊTRE POLITIQUE SELON LE VIEIL ARTIFICE SOCIAL ; ELLE DEVIENT PHILOSOPHIQUE SANS CESSER D'ÊTRE

DIVINE; ELLE MARCHE AU GRAND PRINCIPE DE L'ÉVANGILE, L'ÉGALITÉ DÉMOCRATIQUE NATURELLE DEVANT LES HOMMES, COMME ELLE EXISTAIT DEVANT DIEU.

Loi naturelle lavée de sa tache originelle; religion philosophique; émancipation des masses par la transformation du salaire; évolution socialiste par le droit ou l'égalité, entre le producteur et le consommateur, — nous voyons là les bases de la politique rationnelle. Pour compléter ce programme, nous y jetterons la sève libérale qui fit explosion en février et qui bout dans les urnes électorales. Nous lui donnerons pour base, les travaux cloîtrés des démocraties limbiennes du moyen-âge; pour arcs-boutants, la renaissance et le 17e siècle; pour sapeurs, mineurs, artilleurs, les démolisseurs du 18e siècle. Nous lui donnerons pour auréole, la gloire de Chateaubriand; pour témoins, l'archevêque de Paris, martyr de la fraternité; pour éclaireur, le R. P. Lacordaire qu'on a laissé à l'escalade de l'*ère* nouvelle, nous savons pourquoi; pour orateur, M. de Lamartine, le parrain politique de la fraternité qu'il incarna sur les barricades, à la vue de l'Europe; pour satellites, tous les grands écrivains, orateurs, batailleurs de la presse, Lamennais, Cormenin, V. Hugo; et le premier milicien du droit que nous n'osons nommer, par respect pour les malentendus de l'opinion publique.

Nous ajoutons très humblement au susdit programme, et par forme de retranchement, la loi du culte naturel, principe de rationalisme, ou l'autorité par la liberté: la nécessité du culte catholique, ou la liberté par l'autorité; les contrastes et les harmonies des deux cultes dont le premier, principe d'initiative centrale, réalise la communauté par le droit; dont le second, principe d'initiative individuelle, réalise la communauté par la charité; l'impuissance de chacun des deux cultes pris isolément : car la liberté, si elle était infaillible, ne serait pas la liberté; et l'autorité, si elle s'imposait par la force, ne serait pas la paternité; la nécessité de la conciliation des deux symboles entraînés l'un vers l'autre par toutes les sympathies de l'histoire, de la philosophie et de l'art; et constituant dans l'état, par l'union du dogme indéfectible, avec la force solidaire de la démocratie, la plus haute expression de souveraineté à laquelle il soit possible d'élever le pouvoir humain.

Si la vérité, si l'autorité, autorité religieuse, politique, philosophique sont quelque part; si les témoignages de l'unité divine et humaine existent, ils sont là. Le double principe de l'initiative humaine, philosophie et révélation à ses foyers dans le programme énoncé plus haut; et hors de lui rien n'existe qu'utopies, individualisme, et cette raison incomplète qui, du moment où elle s'érige en principe de synthèse et se fait politiquement souveraine, n'est tout bonnement qu'un rhabillage du communisme païen. La question sommaire du jour se pose donc en ces termes :

D'un côté, le christianisme politique avec tout ses corollaires féodaux, caste, octroi, sujétion, éteignoirs, foi sans examen; un monde fatal, sans avenir comme sans passé dans l'ordre naturel et raisonnable; roulant au bruit des malédictions avec ses bûchers et ses bourreaux, comme une comète incendiaire; et le prolétariat, forçat de la rédemption, traînant à perpétuité le boulet et la chaîne de la mansuétude évangélique en solde des comptes courants des excentricités féodales.

De l'autre, le christianisme philosophique réverbérant ses lumières sur les vastes pourtours de l'unité humaine, expliquant le passé, embrassant le présent dans les bras de la fraternité; transportant doucement l'avenir dans les bras de l'égalité, éclairant d'un pôle à l'autre, au reflet des grands hommes qui se dévouèrent pour le génie ou la foi, le trajet immense de la destinée humaine : c'est le Sinaï surmonté du Calvaire, et gravitant au centre de tous les olympes de la démocratie ancienne et moderne. En un mot, plaine ou montagne : *Sub judice lis est*. Et le commérage *Poitiers*, avant d'excommunier le socialisme et le droit, ferait bien de n'être pas excommunié lui-même. Pourquoi sommes-nous la proie des ambitieux? L'opinion française n'a pas l'habitude de dériver hors des grands courants tracés, par nos grands hommes; d'où vient qu'aujourd'hui la pensée publique, tiraillée en tout sens, est le jouet de l'intrigue sans pudeur, de l'audace sans conviction, de l'ambition sans probité?

Classe moyenne — Forme du christianisme philosophique.

La force politique n'est pas une force brute et matérielle, un lingot, un magot, la prépondérance d'un abdomen engraissé de billets de banque; d'un coffre-fort enflé des sueurs de cent mille prolétaires. Ce n'était pas une lyre d'or qui entraînait les Spartiates à la victoire; une clé d'or n'ouvre pas le champ des idées; et un lingot d'or, eût-il les proportions de l'obélisque, et M. de Montalembert fût-il perché dessus pour pérorer au profit des pauvres millionnaires, n'appaiserait pas une sédition affamée. La force politique est une force morale, enracinée au sein des masses par les instincts de l'intelligence et du cœur, par le souvenir et par l'espérance; par la liberté et la foi; par des besoins communs et des intérêts généraux; elle a l'infini des aspirations humaines vers le passé ou vers l'avenir; elle a pour principe l'idée religieuse ou l'idée philosophique; le culte rationnel ou le culte révélé; l'illustration de la naissance, ou la supériorité du génie; le blason, ou l'égalité.

L'égalité, force universelle qui descend du soleil sur le char de Phaéton sans broncher, dans un tourbillon de lumière; et comme elle a vu d'en haut les horizons du monde futur, elle en ramène ces chevaux aîlés du génie et de la science, pyroscaphes, locomotives et l'enthousiasme, aux ailes de feu. — Allons, enfants de la patrie, — pour emporter les masses, à travers les déserts de l'égoïsme et de l'attente, aux délices de la terre promise, ou à l'assaut de l'avenir.

Le blason, force domestique et personnelle, qui n'agit que sur l'individu, verse dans l'ombre du foyer les rayons d'un ciel éteint sur les terres vierges de la foi sans examen, pour féconder des vertus d'un autre âge. Mais ces vertus sont la floraison de l'honneur qui fut le nom mortel de la charité, durant la nuit des siècles barbares.

Et en prêtant au dogme chrétien, le principe de

la restauration rationnelle, les draperies de l'antique honneur, la force particulière du blason travaille indirectement à la réconciliation de la philosophie et de la foi, et concourt ainsi à l'œuvre générale de la politique.

La politique absolutiste fit de grandes choses, parce qu'elle avait le souffle religieux pour soulever l'océan populaire ; la politique révolutionnaire a remué le monde, parce qu'elle avait à son service les volcans de la démocratie. La politique doctrinaire n'a rien fait et ne pouvait rien de grand, parce qu'elle n'avait ni cœur , ni foi , ni égalité, ni croyance religieuse. La force traditionnelle et la force démocratique, en se pénétrant et se combinant, engendrent le type social de la classe moyenne, qui donne les formes de l'égalité naturelle, mitigée de christianisme, ou les formes du christianisme philosophique.

La classe moyenne est un fait social, non l'expression d'un principe politique, puisque le monde politique roule sur ces deux pôles : autorité , liberté, c'est-à-dire, tradition et démocratie. Ce qui lui est propre et particulier, ce sont des intérêts et non pas des idées; car en fait d'idées, elle vit d'emprunt : puisant aux sources traditionnelles les idées d'ordre et d'hiérarchie ; aux sources populaires, le mouvement égalitaire et la verve des sympathies sociales. Elle compte politiquement par la nature de ses intérêts modérés, lesquels expriment cette idée capitale dans les phases de la civilisation, à savoir, que le progrès a pour objet de réaliser l'égalité morale par la condition la plus susceptible d'être généralisée, non par la richesse et le luxe, exclusifs de leur nature et isolants.

La classe moyenne incarne l'éternel idéal du génie, ces arcadiennes félicités, ces élysées de la poésie et de la sagesse, où la philosophie épanouit ses larges formules fraternitaires, où la muse du beau va teindre sa palette et accorder sa lyre : *aurea mediocritas.*

L'idée universelle, l'idée christiano-philosophique étant le patrimoine commun des hommes, le type social chargé d'en rayonner les lumières, doit être un type susceptible d'être approprié à tous. Voilà pourquoi, si nous remontons le cours de notre histoire jusqu'à la renaissance, nous voyons toutes ces personnalités historiques, dont nous aimons à respirer le parfum , prendre base sur le terrain de la classe moyenne. Le pauvre lutte contre la société ; le riche, contre les autres et contre lui-même ; l'homme aisé, s'il possède le plein sentiment de sa condition, jouit seul de la vie.

Qu'est donc le rôle de la classe moyenne dans l'économie sociale? Un rôle passif, non actif; un rôle d'édification sociale, et non pas d'édification politique. Elle marque le terrain où la pensée humaine ne lutte plus et où se rebâtit la synthèse des idées par l'harmonie des formes ; c'est le port où la société se repose de ses révolutions séculaires.

La classe moyenne n'a donc pas de rôle politique à remplir. Que ferait-elle au pouvoir ? Prêcher la conservation? elle est issue du proprès. L'honneur et la foi ? A-t-elle derrière soi ce retentissement historique du blason, et ce regard des ancêtres qui, du haut des lambris ou des monuments publics, cloue une destinée comme une verge de fer dans une route tracée depuis des siècles par les dieux du foyer? Prêcherait-elle l'égalité? mais elle même a quitté le niveau populaire; n'a-t-elle pas sa supériorité à conserver?

La classe moyenne régnera cependant si vous lui dîtes : *ave, rabbi*. Oui, elle se prendra au sérieux dans sa boutique, ses ballots, ses barils, ses sacs de farine ; fétiche ou magot, elle voudra aussi sa supériorité. A défaut de passé et d'avenir, elle aura le présent ; à défaut d'idées, elle aura le fait. Elle enflera sur son fumier *du fait accompli*, à la chaleur de l'athéisme légal, comme ces plantes qui végètent à l'ombre sans fleurs et sans fruits. Elle se dorlottera, se douillettera, se mignottera dans ses écus et ses appétits, et nous la verrons dans ses jubilantes prospérités étaler aux yeux des mortels stupéfaits toutes les beautés dont la nature l'a dotée : ses verrues, ses escharres, ses loupes, ses rachitismes. Elle aura son art salarié, sa philosophie en livrée, sa littérature armoriée d'argot, pour nous faire adorer ses égoïsmes, ses athéismes, ses matérialités. Elle ira déterrer les morts pour en faire curée, et s'en viendra béatement après nous appeler à son autel, *flectate genua*, jusqu'à ce qu'une révolution de conscience la vienne prendre à la gorge d'un bout de France à l'autre, dans une nuit du 24 février, pour la chasser du temple et la ramener à la boutique qu'elle n'aurait pas dû quitter.— Nous savons bien, nous bourgeois, ce que nous ne voulons pas; mais nous ne savons pas ce que nous voulons. — Rien n'est plus significatif que cette parole attribuée à M. Dupin.

Si la classe moyenne a perdu la boussole, c'est parce qu'elle a négligé la leçon de la fable : *ne forçons point notre talent*. Erigée en aristocratie, la classe moyenne, au lieu de monter, se déclasse; car pour régner il faut qu'elle s'isole, et son isolement est son suicide. Hostile à la tradition, elle ne s'élève que sur les débris des supériorités historiques et de la foi nationale: adverse au peuple, elle ne s'enrichit qu'en le dépouillant par le monopole, ce qui la place dans la nécessité d'écraser par le travail l'hercule que jamais on n'enchaîne. Elle ne règne donc que pour se dépouiller de ses attributs sociaux ; prendre à chacun des deux partis qu'elle fatigue, ce qu'il a de passions mauvaises : orgueil et avarice d'un côté, jalouses violences de l'autre; c'est-à-dire, pour cesser d'être classe moyenne et rouler, marc immonde, à travers les réalités du présent, comme le résumé séculaire des scories humaines.

Rien de plus juste que l'importance donnée par M. Guizot à ce type de classe moyenne qui flotte dans son panorama historique et dans sa pensée d'homme d'Etat, comme une ombre malheureuse, sans trouver de base nulle part, rien de plus faux que l'application qu'il a faite de son idée. Quel rapport existe-t-il entre les goinfreries de sa bourgeoisie athée et la simplicité radieuse de la médiocrité philosophique? M. Guizot, avec sa gravité de férule et de capuchon, nous représente une sorte de poète indompté qui, au retour de ses visions sur la montagne, s'entichant à retrouver dans les réalités de son bourg les hallucinations de son cerveau, coiffe de ses arc-en-ciel quelque Dulcinée d'écurie et finit par se faire rosser, à ses pieds, par un garçon de la ferme.

M. Guizot avait des maîtres : Lamartine et Chateaubriand d'abord. Il a voulu cheminer en dehors du courant des siècles : où a-t-il abouti? En jetant en travers du progrès son pays pied-bot, il a déraillé les destinées de la France. Ainsi font ses disciples : le St-Cénacle de la rue de Poitiers. Où chercher la cause première de l'erreur oligarchique de M. Guizot et de ses pareils? Dans la violation du devoir philosophique par l'homme d'Etat. Et le corollaire que le sophisme doctrinaire porte dans ses flancs, quel est son nom? Communisme.

Les Communismes doctrinaire et révolutionnaire.

Trois forces politiques, modes divers de la même idée, représentent toutes les tendances progressives sorties du foyer philosophique et chrétien pour accomplir les destinées du monde :

1° L'idée républicaine ou libérale à l'état de poésie dans les masses, lentement formulées à la pratique morale par la pression des forces civilisatrices de l'éducation publique et des arts ; 2° l'idée socialiste, ou la république formulée par le droit ; 3° l'idée radicale ou révolutionnaire, qui entraîne à sa suite les instincts de la table rase.

Evidemment l'instinct de la table rase n'est qu'une réaction contre un principe contraire. L'idée égalitaire vient des antipodes de l'idée féodale, ou de l'inégalité à perpétuité. Nous avons vu que la féodalité, considérée comme légitimité transitoire, est inattaquable dans le passé. Mais en ratifiant un état de choses amené par la justice naturelle à laquelle il succédait, comme les gouvernements qui héritent font honneur à la signature de leurs devanciers, le christianisme n'entendit pas renverser la nature des choses humaines, et qu'un fait matériel, c'est-à-dire transitoire et caduc, primât une loi d'ordre moral, le droit permenent et absolu de l'intelligence. Quand il prêcha le respect de César, il ne s'engagea pas à faire que César, un jour, ce ne serait pas le peuple; un peuple aussi brave et plus généreux que celui par qui furent brisées les féodalités de l'orient. Loin de là, il déclara qu'il venait rétablir le royaume du Père, c'est-à-dire l'ordre naturel dont nous demandons aujourd'hui les bases.

Qu'était-ce donc que la féodalité? un symbole politique? une constitution organisée, la manifestation d'une idée, d'une doctrine quelconque? Nullement; c'était un fait brutal et fatal, un pouvoir enfant qui n'avait pas connaissance de soi, ne pouvait rien de soi et vivait d'emprunt. La féodalité ne tirait pas sa valeur politique de sa force personnelle et de sa supériorité matérielle, mais de ses services pour la cause religieuse, c'est-à-dire de la chose même qui tendait à détruire son pouvoir exclusif. La légitimité féodale, c'était l'honneur et la chevalerie qui pondérait les abus du temps.

Institution privée, la chevalerie versait son sang pour la veuve et pour l'orphelin; institution publique, elle défendait par la force le culte qui n'avait pas l'appui de la raison, et protégeait de son épée le travail intellectuel de l'église : la restauration du droit et de l'égalité. Ce travail fait, les formes du droit restaurées, la liberté sortie du berceau, la force désarmée et la pensée entre en lice. Ce n'est plus le fer qui doit faire pénétrer le dogme dans les poitrines, c'est la raison ou la philosophie, laquelle postule pour ses explorations les bases du droit. Nier le droit aujourd'hui, c'est rejeter les conclusions dont on a soi-même posé les prémisses ; c'est repousser toutes les bases de la civilisation présente et regarder comme non avenus dix-huit siècles de travaux et de génie ; c'est ériger en principe, en accident, une difformité en formule et vouloir perpétuer l'enfance de l'homme avec ses infirmités et ses impossibilités personnelles.

Tant qu'a duré sa raison d'être et sa légitimité politique— la nuit régnait,— la féodalité n'était qu'un fétus et ne choquait pas la raison, parce que la raison n'avait pas connaissance de soi. Mais si vous conservez en plein jour le spectre féodal, ses hideurs nous épouvantent. C'est tout le vieux monde absolutiste qui se lève de toute sa hauteur, non plus avec son arome religieux et sa sève d'enfance à demi barbare, mais avec les scories de la décrépitude et les vétustés de la mort. C'est le fantôme de la force qui reparaît, tout embarbouillé d'inquisitions et de fantasmagories diaboliques, projetant sur notre avenir l'ombre de son passé ; soufflant ses ténèbres sur les rayons naissants de la raison publique, par ses programmes d'enseignement ; coiffant du vieil éteignoir le génie populaire et dévorant à perpétuité les instincts immenses du droit commun et les floraisons sucsessives de l'égalité républicaine.

L'inégalité constituée en principe absolu, la féodalité

symbolisée et appelant à son aide, pour s'immobiliser toutes les forces de la tradition , l'égalité se constitue à son tour en principe de démolition. Contre la montagne féodale se dresse la montagne révolutionnaire, pour repousser la force par la force ; à l'individualisme armé de brassards et de gantelets, le communisme répond avec la sape et le niveau. — Vous voulez la propriété exclusive et oligarchique par le monopole? moi qui la veux pour tous, je dis avec l'église : la propriété est un vol. — Vous voulez toujours cette famille monstre, accouplement de prostitution, où le cœur et l'honneur ne comptent pas la valeur d'un ruban dans la corbeille de noces? moi je brise le lien domestique, et je déclare la guerre à la famille individuelle. Et maintenant vous avez un dieu qui veut la dégradation de la famille et le despotisme de l'or; qui condamne le pauvre à la géhenne , le riche à la solitude de la corruption? je soutiens que votre dieu , c'est le mal.

Le monopole est-il autre chose qu'une irruption permanente sur la personne et la propriété d'autrui; une violation solennelle de tous les principes fondamentaux de la société? Où en était la religion lorsque M. Cousin rêvait sa croyance universelle, que le *Constitutionnel* fouettait sur les tréteaux de ses feuilletons le *facétieux primat des Gaules* , et que les doctrinaires d'Avignon traitaient publiquement les religieuses de St-Joseph de prostitutées et d'infanticides? Où en était la propriété quand la justice civile était criée à l'encan, à la porte des collèges électoraux; la justice criminelle, trahie dans la composition des listes du jury, et que chaque ministre conservateur tenait un bureau ouvert de simonie et de brocantage? Où en était la famille et la morale, alors que les feuilletons salariés élevaient les orgies de Grandvaux aux proportions d'une bacchanale nationale? Le communisme s'engendre du monopole, comme l'excès de boire d'une longue soif; il sort de ses flancs non pour continuer son œuvre, mais pour réagir contre lui. Le communisme doctrinaire brisait le droit général au profit d'un droit exclusif; le communisme révolutionnaire brise le droit oligarchique au profit des masses : *A père avare..* quel est le plus coupable?

Sans doute, MM. Thiers et Guizot n'ont pas affiché des formules communistes; parce qu'ils manigançaient leurs oligarchies à l'ombre de la tradition son pavillon monarchique : mais ils ont *communisé* ou démonétisé les formules existantes. De l'épée qui sauvegarde la propriété, ils ont fait une pioche pour l'envahir et un poignard pour y tuer le droit. Du type fécond et civilisateur, le type de la virginité chrétienne, à qui nous devons les plus puissantes formules de l'art moderne, ils ont fait une raccrocheuse de tapis vert, pour énerver et assouplir au joug de leurs personnalités, ces générations à demi républicaines de la révolution de juillet, que l'éclectisme promenait entre les traditions abâtardies de la dynastie cadette et les lointains indéfinis d'une philosophie sans formule.

Le parti doctrinaire a incarné l'idée féodale qui couvait à la chaleur de l'athéisme légal dans les ossuaires du parti légitimiste, et dont la végétation philosophique a produit comme réaction, St-Simon et Fourrier. Thiers et Guizot, par leur prétention de frapper la jeunesse à leur effigie, et de refondre la France dans la boîte de leur cerveau,— trop étroit vraiment pour pareille œuvre, — ont provoqué les réactionnaires de l'égalité ou refondeurs socialistes qu'ils décrient aujourd'hui, et dont ils trouveraient peut-être amusant de faire les boucs d'abomination de la République.

Il faut s'entendre cependant; le monde intellectuel est partagé entre deux symboles. Dans l'ordre philosophique, repentir d'un côté, non repentir de l'autre; dans l'ordre politique, c'est l'absolutisme infaillible et la volonté immuable, qui font balance au pouvoir rationnel et contrôlé. Ainsi, qu'un homme se trompe en théorie, là n'est pas le crime : *errare humanum*; le crime commence avec la prétention d'imposer ses théories par la force; de faire avaler ses erreurs comme communion sociale; d'en empoisonner les sources de l'éducation publique; voilà le communiste, le révolutionnaire subversif, l'esprit anti-social ou anti-socialiste. Il se reconnaît à ce caractère, qu'il repousse le contrôle politique; c'est-à-dire le suffrage universel et le droit, le seul moyen de rendre le contrôle efficace et de redresser le pouvoir qui se fourvoie.

Mais pour les hommes qui veulent la libre manifestation de la conscience publique et le vote assis sur le droit, s'ils se trompent, ils fournissent au peuple des verges pour les frapper. Accusez-les de faillir en philosophie; politiquement, vous n'avez pas à leur jeter la pierre. Ce qu'ils ont de vrai leur appartient; quant à l'erreur, c'est à vous qu'ils la doivent.

Nous devons à l'école fataliste les révolutionnaires du premier titre : les hommes de la souveraineté individuelle, élevée à la hauteur d'une théorie et de la caste sans correctif. Ils ont nié, avec le suffrage universel et le droit, le principe de l'initiative philosophique ; par l'athéisme légal et la corruption systématique de leur politique, ils ont noyé dans le scepticisme le principe de l'initiative religieuse. Ils ont renversé la philosophie sur son axe et détraqué la boussole de l'intelligence, en donnant pour objet à l'exercice des facultés humaines la réalisation du dogme : enrichissez-vous ; erreur de l'impuissance aux abois, qui contre-carre, sans avoir l'air de s'en douter, six mille ans de génie, d'expérience et de religion universelle.

Où en sommes-nous venus par l'altération du type moyen et par l'invasion de la lie bourgeoise dans les horizons philosophiques de l'égalité ? à la plus monstrueuse alliance dont le sophisme et l'ambition pussent donner l'exemple. La blason qui ne posséda jamais qu'une force individuelle d'édification religieuse, et qui ne l'a plus depuis que la vérité chrétienne est en travail ; le blason qui traînait de l'aile sur les sables de l'athéisme légal, a senti le besoin de s'organiser comme parti ; de pivoter sur le principe qui lui manquait et que repousse sa nature : le principe rationnel de la centralisation. Et comme la lutte pendante entre les deux montagnes ne lui permettait pas de se jeter dans les bras de la démocratie, elle-même arriérée en fait de catéchisme, il a tendu la main aux ambitions que le dernier orage avait jetées sur le sable : aux détrônés du fait accompli, lesquels ne demandaient pas mieux que de clinquailler de conservantisme et de religiosité leur rationnalisme ci-devant panthée.

C'est un malheur de manquer de blason quand on bataille pour la caste ; comme il faut bien se garder, dans les rangs de la démocratie, d'être sans entrailles et sans cœur.

La seule prépondérance que puisse de nos jours revendiquer le blason est une paternité publique, librement acceptée, laquelle a pour principe une réalité domestique et personnelle, legs du foyer ; cette vétusté de race qui vous fait couler le passé dans les veines avec ses enseignements graves et qu'on n'invente pas plus que la couleur des vieux monuments et le bouquet des vins chauvis dans le sable. Je crois de toute mon âme à la chevaleresqne droiture de tous les porte-enseignes de la légitimité ; mais je demande s'il y a quelque chose en eux de plus conservateur que le génie de Chateaubriand dont ils contredisent les directions ; s'ils ont titre et qualité pour décrier ce qu'il a défendu quarante ans durant le droit et pour réhabiliter ce qu'il a condamné : l'aristocratie, et l'octroi ; s'ils ont titre et qualité pour faire jouer au blason un rôle qui n'est pas dans la nature. D'un autre côté, qu'est-ce que cette classe de faux libéraux, ennemis du droit et de l'égalité? des féodalités sans foi, orgueils sans fierté, pouvoirs sans honneur, richesse sans entrailles. *Pectus est* ; au cœur est le foyer du génie et le levier de l'égalité. Retranchez à l'homme politique ses sympathies égalitaires, que lui reste-t-il ? Cet esprit de ruse et de dissimulation, mêlé de probité à la Valpole, qui caractérise l'école doctrinaire ou fataliste du Taleyrand ; cette éloquence creuse et tambourinante de ces hommes d'Etat, dont les discours empruntaient leurs plus solides arguments au budget, et coûtaient des millions à la France au profit des *satisfaits*. Au lieu de Lamartine à l'Hôtel-de-Ville le 25 février, supposez Thiers ou Guizot, ce ne sera plus l'écluse devant le torrent, mais la bouée au bout des vagues. Entr'eux et le peuple il n'y a qu'un point de contact, le canon. Que leur importe la misère des masses : *quand j'ai bien bu et bien mangé...* c'est ce qu'ont répondu à V. Hugo les politiques de canapé, *satisfaits* de tous les régimes. Et pourquoi un homme *de fait accompli* croirait-il à la misère? Elle n'est pas pour lui une réalité douloureuse dont le spectacle grève sa digestion ; elle n'est pas une plaie guérissable ; une maladie accidentelle du corps social ; mais une nécessité inéluctable qu'un homme de bon sens ne doit pas seulement songer à extirper. Demandez aux nouveaux amis de M. Thiers si la misère prolétaire n'existera pas jusqu'à la fin du monde. Demandez à M. de Montalembert si le 13e siècle n'a pas sonné hier soir, et si nous ne ferons pas bien demain de nous agenouiller devant le pourpoint du roi Dagobert pour y réciter nos patenôtres, ou à défaut, devant les chausses de Louis XV, surmontées de trois cotillons.

Libéraux sans philosophie et sans entrailles, royalistes sans foi et quelques-uns sans passé, combien sont-ils qui ont brouillé les droits instincts du progrès national et décomposé la pensée française ?

Aujourd'hui voilà le marc politique de la dynastie déchue ; les hommes qui l'ont perdue, les *satisfaits*, voilà les hommes qui *pillent, corrompent et déshonorent la France*, asssociés pour la direction de la république avec ses adversaires de 18 ans. Quelle est la mise de chaque parti dans le fonds social ? Les chevaliers n'y ont pas apporté leur devise, puisqu'ils servent leur dieu, en compagnie de l'homme qu'ils appelaient autrefois *Méphistophélés*, et qu'ils travaillent pour Henri V. de concert avec le Judas–Deutz, qui brocanta, coffra et quasi déshonora sa mère. Quant à leur lot pour l'édification de la famille, nous avons les romans de M.

de Pontmartin, où l'on voit fumer le toit des petites maisons et les vertus domestiques *renvoyées à la morale en action*, *au chapitre Piété filiale*; sans parler des boutiquiers de Paris fustigés sur les épaules de Napoléon Potard, un héros que M. le Vicomte a fait homme d'intelligence et de cœur; comme s'il avait voulu prouver qu'il n'y a rien de commun entre l'homme de cœur et d'intelligence et le gentil-homme, tel que l'entend M. de Pontmartin.

Les légitimistes n'ont plus la foi de Bayard; ils n'ont pas encore celle de Chateaubriand. Qu'y a-t-il de commun entre leur symbole et celui des *satisfaits* de la doctrine? Abstraction faite de tous les hommes de bonne volonté, n'importe le drapeau, qui n'ont pas la prétention de peser sur la destinée publique et d'enrayer les légitimes transformations des choses, n'y a-t-il pas sous les deux bannières monarchiques, des hommes qui spéculent sur les inguérissables faiblesses de l'orgueil et les inextinguibles regrets de la caste? qui travaillent à lier le présent et le passé, non pas les deux éléments, rationaliste et traditionnel de la synthèse sociale, mais par ce qu'il y eut au contraire d'anti-social sous la monarchie absolue et sous la dynastie cadette? La caste sans foi d'un côté; la démocratie sans entrailles de l'autre; et qui composent, au-dessus des zônes tempérées de la classe moyenne, avec le résidu des passions, des erreurs et des ambitions, à qui la formule républicaine est un trop lourd manteau, ce nouveau parti qui a rallié toutes les réactions populaires dans le cri : A bas les riches! et qui eut le malheur, à l'Assemblée, par l'organe du général Gourgaud; dans la presse, par l'organe de l'*opi-*

nion publique, de justifier les dévastations sauvages des maisons Proux et Boulé.

Il y a donc dans l'arène les hommes du progrès continu qui acceptent toutes les révolutions amenées par l'excès de la compression; ces hommes tous libéraux, ils ne sont pas révolutionnaires. Il y a les républicains de la veille, adversaires systématiques de la monarchie, parce qu'on a fait de la monarchie l'ennemi perpétuel de l'égalité, c'est la réaction politique contre le type féodal; montagne contre montagne : *Contraria contrariis*.... Il y a les hommes de la refonte intégrale qui rèvent la démolition du passé, parce que le passé fait ombre et barrière à l'avenir; ceci est la réaction philosophique provoquée par la pensée féodale incorporée au principe religieux; *sublatâ causa, tollitur effectus.* Enfin, il y a les hommes de la caste, de la suprématie, du marc ou de la naissance; les fatalistes de la souveraineté individuelle constituée en doctrine; les ennemis de l'initiative humaine; les hommes du pouvoir absolu qui revendiquent le droit de faillir et le droit de ne pas être repris; qui ne retiennent du passé que ses ténèbres, pour nous masquer les futuritions de l'avenir, et se servent des langes de la société enfant, pour baillonner son adolescence. Ils parlent de liberté en lui bâtissant les oubliettes de l'état de siége; d'autorité, après en avoir sapé la triple base religieuse, politique et philosophique :

Religieuse, quand ils appellent le christianisme une castration sociale : Thiers; politique, quand ils nient la légitimité de l'église dans le passé, pour refuser les applications démocratiques du christianisme dans le présent : Guizot; philosophique, lorsqu'ils foulent aux pieds l'autorité la plus respectable, en temps de révolution, celle qui représente toutes les autres : le génie ; et qu'on les voit en plein soleil de publicité donner l'exemple de l'insulte envers leurs supérieurs, comme M. de Montalembert quand il se permet d'appeler criminel l'homme qui, trois mois plus tard, sauvera la France. Mais M. de Montalembert qui s'est repenti d'avoir bien fait, se repentira peut-être un jour de mal faire ; nous l'attendons à la prochaine bagarre. En attendant, la vieille charité féodale n'a pas d'autres moyens de prouver sa vertu à son adversaire que de l'anéantir. Suspensions de journaux, confiscations, déportations ; le peuple forclos de l'évangile et du code : procédés peu fraternels, source de réactions inexorables de la part du droit, qui tient un autre langage dans les sabots du paysan que dans les salons de la rue Duphot.

Le Droit.

Quand Ledru-Rollin est descendu de la montagne, le code s'est ouvert à sa place pour verser sur la glèbe prolétaire les cataractes de la révolution. Car l'idée révolutionnaire aujourd'hui formulée, ce n'est plus une négation, mais une affirmation ; ce n'est plus le renversement féodal, c'est la constitution du droit. Le droit est Dieu et génie, avant de de se faire homme ; obligation religieuse et morale, avant d'être obligation civile. Couché dans l'évangile sur une croix, il prêche que le superflu qui moisit dans les mains du riche, quand le pauvre manque du nécessaire, est un vol ; assis dans les livres, les musées, les journaux, couronné de bruit et de gloire, il enseigne que les fonctions publiques sont l'apanage du talent sans fortune, et que le cumul de la fortune publique et de la fortune privée est un vol; casematé dans le code au milieu des huissiers, gendarmes, soldats, il déclare que la vie, primant tous les capitaux, l'association du travail avec le capital attribue à l'ouvrier la plus grosse part des produits qu'il engendre. Le peuple mineur, et le code en tutelle, permis était d'administrer son droit. Le peuple majeur, il saisit le droit de nécessité, quand le devoir le saisit.

Lorsque pour un emprunt de 100 écus, Pierre prend hypothèque sur la personne de Jean, harponnant son avenir, femme et enfants avec, il fait usage du droit, non pas de charité que je pense. Lorsqu'un locataire en retard de paiement voit jeter à la rue sa femme en travail ou son enfant au berceau, ce n'est pas non plus œuvre pie; et quand le fisc s'empare du champ de Jacques et vend son blé en herbe pour payer les chemins vicinaux des milords, ceci n'est pas non plus de la mensuétude évangélique, *cuique suum*. Le droit pour tous ou pour personne. La justice est une balance, la balance est l'égalité. Le travail manque, dites-vous : eh bien! que l'ouvrier se coupe le cou à la porte de votre charité, rien de plus juste; la charité, on nous l'a dit, ne doit rien à personne. Mais là où le travail sera requis, qu'il soit rétribué selon sa valeur et son titre. Voilà le droit, la nécessité, l'égalité rigoureuse. Et nous voulons l'égalité devant les hommes pour la retrouver devant Dieu. Qu'est-ce, en effet, que cette pauvre égalité quand elle a passé par les mains du Minotaure? Nous savons que l'égalité absolue fut impossible; et voilà pourquoi la fraternité qui la venait remplacer ne demandait que le minimum pour le pauvre. Vous n'avez pas voulu le soliveau, Croquemitaine est sorti du code. A qui la faute?

Monsieur le capital, je vous donnerais bien la lisière pour me conduire, mais vous êtes perclus; Monsieur le capital, je vous donnerais bien la lanterne à porter devant moi, mais vous êtes aveugle; Monsieur le capital, je vous donnerais bien ma fille pour chambrière, mais vous en feriez une concubine à la barbe de vos légitimités; et j'accepterais bien chez vous la livrée de Chatterton, mais vous êtes manchot et pied-bot, Monsieur le capital, vous êtes cagneux, hargneux, goutteux, rachitique et catarrheux, seriez-vous jaloux de faire miroiter vos beautés dans les facettes d'un poète? Je voudrais bien vous faire octroi et charité de mes forces et de mon génie; mais que feriez-vons d'une locomotive dans vos salons; d'un fleuve débordé dans votre jardin anglais, et d'un volcan en éruption dans les becs de vos lustres? Et supposez que le travail et l'intelligence s'en viennent humblement, ehapeau bas, à la porte de vos suprématies, vous prier de leur faire la conduite, et mettre la charrue devant les bœufs. Cette hiérarchie à contre-sens, changerait-elle la nature des choses? L'orgueil n'aurait-il plus pour conséquence de rendre fou? la fainéantise, de rendre idiot? la gourmandise, d'hébéter l'esprit? la débauche, de dégrader le cœur? l'égoïsme, de dissoudre tous les liens sociaux? et quand les sept péchés capitaux titrés, mitrés, coiffés, emplumés et enrubannés de pouvoirs sans contrôle auraient replongé la France dans les gouffres de 89, de 1830 et de 1848, qu'est-ce qni empêcherait les mêmes causes de produire les mêmes effets? Qu'est-ce qui empêcherait le droit irrité par de perpétuelles déceptions, le talion fulminant de renouveler les exterminations de Babylone sur les Pharisiens de la charité? Où la grâce manque, la loi de rigueur arrive : pas de terrain neutre entre le Père et le Fils.

Et cette nécessité légale du droit, qui fleurit dans le code, sur les terres de formation du génie antique et moderne combinés, a ses racines dans une nécessité philosophique et religieuse : dans la profondeur des prévisions éternelles, dans les promesses du Christ mandé au monde pour rétablir le royaume du Père, c'est-à-dire l'ordre naturel, liberté, égalité, fraternité; ce vaste univers qui joue autour de la formule républicaine, et qui porte politiquement sur cet axe, le droit. Et si vous ne comprenez pas le droit, gravissez l'observatoire philosophique, et vous verrez : l'humanité qui monte et palpite au souffle de Dieu ; six mille ans de gloire et de génie qui confluent dans la pensée moderne pour engendrer l'ordre nouveau de la démocratie; deux civilisations qui s'embrassent par tout ce qu'elles ont d'impérissables sympathies, et mêlent en frémissant, leurs gloires, leurs vertus, leur génie, leurs grandeurs, leurs aspirations éternelles. Dieu le fils ou le Verbe chrétien qui nous emporte par toute la puissance intellectuelle sortie de son foyer, vers les formules de l'égalité naturelle; Dieu le père, ou la loi naturelle mise à la portée de tous par les arts et la foi, qui nous explique le sacrifice de Dieu le fils, et nous presse de ses formules égalitaires avec toutes les splendeurs de l'art monumental et l'ineffable poésie de la nature; les trois soleils de l'unité divine qui versent à l'homme tout ce qu'il a de vie par l'esprit, le cœur, et les sens, et l'entraînent dans leur harmonie éternelle et trinitaire, parce qu'il est impossible de scinder Dieu. Et voilà pourquoi le Verbe universel de la fraternité brise la glèbe d'un bout d'Europe à l'autre pour s'aller empreindre au formulaire divin qui lui tend les bras du cachet de son origine première. C'est la trinité humaine qui pressent les conditions de son harmonie et qui veut la réaliser : *attitude nouvelle donnée à l'homme par nos révolutions et qui ont placé si haut la dignité humaine et la souveraineté populaire.* La majorité fera-t-elle rebrousser le torrent qui emporta Bonaparte à Sainte-Hélène?

Droit de la majorité.

La majorité peut tout : excepté faire d'une fille un garçon, et nous faire entendre, quand elle a violé la Constitution, que la Constitution n'est pas violée, et que la société n'est pas en état de légitime défense. Or, nier le droit et le code au profit de l'octroi, c'est violer dans son principe, non seulement la Constitution française, mais la Constitution universelle. Que venez-vous après, me parler du respect des dieux établis? Le contrat social entamé par un point, la liberté est en fourière et la société sur le préau : à toi, à moi la paille de fer.

Est-ce qu'une majorité quelconque, pouvoir émané du peuple, a droit et mission de légiférer en quoi que ce soit contre l'intérêt du peuple? Est-ce que le peuple votant, délégué de la société qui ne vote pas, a droit et mission de stipuler contrairement aux intérêts des mineurs qu'il représente au scrutin? Est-ce qu'au nombre des lois antérieures et supérieures, c'est-à-dire immuables, et la première de ces lois, n'est pas le droit pour chacun d'exister dans la plénitude de ses facultés sociales, d'exister selon les nécessités intellectuelles de son temps, par la philosophie et la foi, les deux bases de la légitimité présente? d'exister civilement, de manière à pouvoir remplir envers son semblable ces devoirs de réciprocité qui constituent la communauté morale et l'édification chrétienne? d'exister de manière à pouvoir garantir sa dignité, sa conscience, sa raison, sa foi et tendre au besoin la main à son prochain, c'est-à-dire d'exister par le droit?

Avez-vous le droit, majorité, de nier le droit et conséquemment le code? Nier le droit dans les rapports civils, c'est mutiler son semblable, tuer un poète, un artiste, un général, un magistrat, en coupant les aîles au génie à la porte de l'école primaire, c'est frustrer la patrie d'un serviteur, d'un défenseur, d'un puissant moyen de salut peut-être.

Avez-vous ce droit, et depuis quand, s'il vous plait? Nier le droit dans les rapports internationaux, c'est tuer un peuple faible, existant en vertu de ses lois autocthones et de son individualité chrétienne, pour le livrer au premier ogre absolutiste qui voudra le coucher dans son charnier pour lui sucer le sang et manquer à la solidarité humaine: avez-vous ce droit?

Mais violer la souveraineté du peuple à l'étranger, c'est se frapper soi-même dans son principe et se suicider politiquement : le pouvoir de la majorité va-t-il jusques là? et le peuple lui a-t-il vendu sa souveraineté pour un plat de lentilles? Oui, a-t-il rivé son avenir en vous nommant à la chaîne du salaire et de l'octroi? s'est-il condamné à voir par vos yeux, à subir la nécessité de vos mauvais exemples, à respirer le venin de vos passions, à s'étioler et pourrir à votre ombre? et, châtré d'amour et d'immortalité, à ramper et barbotter à perpétuité sous les pieds de la caste et du pouvoir sans contrôle. A-t-il le droit de se suicider en se condamnant à ne pas valoir mieux que la plupart de ceux qui le gouvernent? Mais qu'est-ce que ce peuple qui vote aujourd'hui, qui reprendra la glèbe demain : canaille, pédaille; parlons des seigneurs votants et délibérants, et mangeant en l'honneur de la charité les 25 fr. de Jacques Bonhomme qui n'a pas de pain.

En reniant la souveraineté du peuple, vous ne reniez pas celle de Dieu, je m'imagine. Or, quelle est aujourd'hui la base de la religion? C'est la raison, répondront nos seigneurs ci-devant prédicants de panthéisme. Et la raison, qu'est-ce autre chose que la connaissance du culte naturel qui l'incarne, et des rapports du culte philosophique avec le culte révélé? Qu'est-ce autre chose que cet ensemble d'idées libérales et traditionnelles, mûries par le temps, fermentées par les arts, formulées par la philosophie, conquises par la liberté sur les cachots, les bûchers, les inquisitions et les superstitions, et qui se résument aujourd'hui dans ce mot et dans cette formule : christianisme philosophique? Avez-vous le droit, majorité, de jeter après boire la religion et la philosophie aux gémonies? d'annuler l'évangile et le code, et de plonger dans ce gouffre où vous entraîne, tête baissée, le vertige de l'orgueil, de la peur et de l'ambition; d'y plonger la société, temple et tout? Si vous l'avez, il faut le dire, et que le peuple connaisse l'*Eldorado* qui l'attend sous la férule de ces orthodoxies; lui faire aimer le *statu quo* judiciaire, et le droit d'assassiner le pauvre par votre justice au comptant; le *statu quo* financier, et le droit de le ruiner par l'usure; le *statu quo* administratif, et le droit de voler le talent par la fausse distribution des fonctions salariées; le *statu quo* du travail, et le droit pour le capital de boire soir et matin la sueur de l'ouvrier qui manque de nécessaire.

Persuadez au pauvre que le soleil et l'évangile n'existent que pour vous, et qu'il est de droit divin pour vos seigneuries d'empocher et mettre sous clef les fécondités du printemps dans vos greniers et vos caves; que le code est un conte des mille et une nuits pour amuser les veillées de Jacquot; un arsenal de geôliers, recors, gens-d'armes, bourreaux, harpagons, argousins, à l'usage du riche contre le pauvre, à qui seulement appartient par legs de charité un droit inaliénable et absolu, celui de se couper le cou quand il n'y a plus de place au banquet de la vie. Dites-lui que la société n'est pas faite pour être et ne sera jamais plaine mais montagne; les disciples du veau trônant au sommet; le peuple en bas, avec l'évangile, servant de réceptacle, deversoir de réservoirs aux haines et rebuts de Messeigneurs. Dites-lui que ses filles sont faites et baptisées pour être vos chambrières; ses garçons, marchepied de vos oisivetés, parce que l'honneur et toutes les vertus vous viennent avec le sang, par le cordon de l'ombilic; tandis que les sept péchés capitaux nous arrivent du ciel, à nous, le travail aidant, par la grâce de Dieu et l'intercession des saints anges.

Et voilà pourquoi le fils de l'homme a mis sa croix en gage dans les mains de l'enfer pour assurer aux bénis de l'orthodoxie la jouissance incontestée des biens qui furent la ruine du monde païen. Puis la plèbe morigénée et remise au collier, vous voudrez bien, majorité, nous faire à tous une leçon de catéchisme, du catéchisme de l'octroi; nous dire comment il est possible de coucher dans le lit d'un roi sans devenir fou; de faire la vie entre la fainéantise el l'orgueil sans pourrir de vermine; et comment la loi suprême des êtres, la loi typique de la Trinité chrétienne, la partie visible de la divinité s'immolant pour assurer le règne de l'ensemble divin, comment cette loi conclut à la suprématie du ventre, et non pas à l'égalité. Ensuite vous attaquerez l'idée égalitaire dans la pensée humaine et dans les monuments du génie : vous l'attaquerez dans l'évangile, où elle a ses racines divines; dans le code, où elle a ses poids et mesures; dans les livres et les musées, dans les tourbillons de la publicité et l'auréole de la gloire; dans le soleil qui s'obstine à féconder toutes les intelligences, et à faire surgir de la glèbe toute sorte de déclassements scandaleux. Puis vous refondrez nos lois civiles et criminelles pour y remettre la vie en tutelle sous les pieds du marc, et vous rééditerez le moyen-âge. A trente sous d'or la vie d'un croquant; et le vilain, pour un lapin à la potence. Et dès ce moment là, Bhonhomme, redevenu bête de somme, n'aura plus à vous tambouriner aux oreilles son droit du travail. Et puis avec vos écus et vos magots vous ferez des soldats, des canons, des remparts en cas que le peuple indocile vous refuse son dos et son bras : car le peuple est un peu le truchement de Dieu, qu'on ne rencontre guère à l'autel du diable. Et quand vous aurez exterminé le droit et l'égalité, vous proclamerez le triomphe de votre honnête symbole sur les ruines du code et de l'évangile, et vous prêcherez : la Monarchie sans droit. Et nous catéchiserons à notre tour. — Les Ilotes, les Parias, les expropriés du droit et de la charité, où sont-ils? Paysans, manants, canaille, magnanimes déguenillés qui plongez dans le feu pour un verre d'eau; qui vous jetez à l'eau à travers glace ou neige, en acquit de la fraternité qu'on vous dénie, donnant votre vie avec plus d'élan que le riche ne donne un écu; pluies et soleil pour tous fécondent la terre; voulez-vous votre part de soleil? Vos sueurs aux sillons vous adjugent, le code parlant, la plus grosse part des produits : voulez-vous vos biens et vos droits, ou si donnez le tout pour une place à la crêche? Et ce grand mobilier de la civilisation conqnis par vos frères, artistes, poêtes, savants, gueusaille enluminée de gloire qui, du matin au soir, encalifourchonnés sur ce cheval aîlé qui dévore, s'en vont, entre le *pater* et la sieste, dérober chaque jour au soleil un nouveau rayon de lumière, ou plongent aux entrailles du monde invisible pour dérober à la nature ces forces occultes qui nous permettent de mener les éléments par la bride; tous ces chefs-d'œuvre, écrits, sculptés, peinturés, qui composent le grand luminaire de l'éducation publique, le donnez-vous pour un cent d'épingles, ou si vous revendiquez votre place au banquet?

Ad nos in nomine Domini; (1)

Jean le bucheron, qu'as-tu fait de ta fille? — Enterré le bon homme et la fille aux gémonies. — Pierre le fossoyeur, qu'as-tu fait de ta femme? — vendue, vendue pour un morceau de pain, hurlements et rugissements. — Vendue

---

(1) Extrait du drame mentionné en tête du livre.

la femme de l'ouvrier malade et ses enfants expropriés de maternité. — Et Jacques Guillemard, le Spartiate de la contrée, n'a-t-il pas ce dit-on bu sa vigne à gogo entre la St-Jean et la Madelaine? c'est peu édifiant pour un vieux. — Raflé l'héritage, et avalé pour trente écus par la justice biseautée! — Et vous tous piocheurs, forçats ou harpagons, peut-être, race amphibie qui traînez la chaîne à l'heure des loups-garous, et ramez la galère d'un crépuscule à l'autre pour la fecondité de ces splendides campagnes, vous voilà tous effarés, débraillés, écharpés dans vos gueuseries, et minables à soulever le cœur! Bande de Mandrin, est-ce pour faire magot que vous arrivez au scrutin en guenilles? — Un grondement formidable comme du volcan qui bout, fit trembler le sol sous les pieds de la foule affamée, et se déroula tout-à-coup dans les airs, comme ces chuchottements sourds des tonnerres qui s'entre-parlent des quatre bouts de l'horizon, se disputant l'espace à l'heure de l'assaut.

Ad nos in nomine Domini.

A nous les vierges sans couronne excepté l'infamie; les mères sans enfants parce qu'elles n'ont pas de pain; les orphelins sans tour et sans mamelle; les pauvres sans asile, autre que la voirie ou l'hôpital; les trahis de la justice; les proscrits de la politique; les marchepieds vivants de l'humilité catholique: croisade contre les Tartares, croisade de la nouvelle fatalité. De vengeances, de terreurs, d'échafauds, c'est bon pour des rois ou des cardinaux, et nous n'en voulons pas; mais la plus grosse part de vos revenus appartient au travail, dételons: il est temps que la liquidation commence. Dieu manquait au monde; le peuple sera son truchement. Mais pour saluer le grand soleil qui se lève, ne faut-il pas son piédestal à la statue? *Fratres estis ut unum sint.* N'oublions pas notre suprême loi : pour conquérir l'unité divine il faut être l'unité humaine.

Arrière les féaux de l'orgueil, les casse-cou de l'intrigue et de l'ambition, les tartuffes endimanchés de la liberté. Que les premiers d'entre nous soient les pères de tous. Ils n'auront pas besoin de cent mille francs de traitement pour être ministres; et s'ils viennent périr à la peine sans un sou vaillant, eh bien! la patrie allaitera leurs enfants sur ses bras, et bercera dans son cœur leur impérissable mémoire.

Ad nos in nomine Domini.

Non, le soleil n'existe pas pour celui qui nie le soleil, et quand on a nié le droit, on n'a plus de code. Rendez-moi mon soleil et mes printemps, ma part des moissons et des vendanges avec mon intelligence et ma sueur dont vous me volez depuis que je suis souverain. Je féconde la terre, et je suis nu; la loi m'a titré roi, et je suis esclave. Arrière ces langes d'enfance et ces lisières qui me retiennent au chevet de la caducité; roi par droit divin, le droit de l'amour et de l'intelligence, n'ai-je pas écrit de mon sang la charte de tous les pleuples émancipés? Attaché en croix dix-huit siècles durant, j'ai bu mes agonies jusqu'à la lie. Mais la renaissance m'a vu sortir lumineux du tombeau : mon jour de glorification est venu, je reprends mon droit et mon trône. *Ad nos in nomine domini.*

Et quant à nous blessés, traînards, écloppés, qui fesons queue à l'arrière garde, heureux soyons qu'il se soit rencontré à Sparte trois cents citoyens meilleurs que nous. Nous pourrons reposer nos vieux os à l'ombre de la philosophie, sans souci des affaires de la cité et sommeiller en paix les visions de la terre promise, sous la garde de la paternité égalitaire. *Ad nos venite populi.*

La monarchie sans droit ; le droit sans monarchie. La religion des éteignoirs, des cachots, des bourreaux, des ensouffrés ; aussi intolérente, aussi violente, aussi sauvage qu'aux plus beaux jours des auto-da-fé : témoin cet honnête journal modéré qui dénonce la guerre à extermination entre les protestants et les catholiques ; ou la religion tolérante, bienveillante, lumineuse ; la religion philosophique qui embrasse dans ses bras maternels toutes les vertus issues de cette lumière naturelle que nous apportons en venant au monde. La monarchie sans droit, ou le droit sans monarchie : à prendre ou à laisser.

La majorité poursuit à outrance l'anarchie sous le nom de révolution dans la personne de la République et l'anarchie crie dans ses entrailles Elle sait bien, la majorite, que s'il existe un esprit subversif, un révolutionnaire moins dangereux, un Erostrate de cabinet, un contempteur du droit commun et de la foi, c'est l'homme qui a fait de la propriété un arrondissement de carnage ; de la famille une nécessité de sensualité ; du christianisme une castration sosociale ; cet homme des Mémoires d'outre-tombe, qui *nous ferait tous égorger par passe-temps*, le cas échéant, comme il présidait, les mains dans ses poches, au sac de l'archevêché de Paris. La majorité n'a pas l'intention de rompre avec le sens commun ; de braver la loi intime de la conscience et les manifestations éclatantes de l'opinion publique ; elle n'a pas mis dans ses projets de barrer le passage à la religion et à la philosophie, et de heurter de front les hautes renommées chargées de leurs pleins pouvoirs par privilége de génie.

Pourquoi donc s'est-elle donné pour oracle dans la question la plus orageuse de ce temps, en homme qui ne croit ni à la philosophie ni à la religion? pourquoi faire de M. Thiers, exclusivement dévôt à la fatalité; le St-Vincent-de-Paul des orphelins du droit et de la République? M. Thiers patron de l'assistance publique, bon Dieu! le négateur du droit, chargé de mesurer au droit la terre et l'eau! La majorité a peur des fantômes communistes, et cela l'excuse. Mais en persistant dans ses vaines frayeurs elle ferait douter de la sincérité de ses convictions. La France est trop forte pour ployer au souffle des fantômes, et les utopistes ne l'effraient pas. Demandez à M. Dufaure; demandez à M, O. Barrot où git à leurs yeux le foyer de la force publique? si c'est sur la valeur personnelle de quelque homme d'Etat qu'ils comptent, ou sur la lumière de tous; sur ces instincts salubres, ces idées de droiture, de justice, de réciprocité, qui composent le fonds de la civilisation actuelle et de la souveraineté du peuple. Mais si vous froissez les forces nationales dans leur germe; si tous ces instincts généreux du peuple qui ne demandent qu'à grandir; ces nobles ambitions d'ordre et de liberté qui cherchent à se compléter par le droit; toutes ces aspirations de famille qui cherchent à se réaliser, vous les foulez aux pieds de ce vieux fatalisme athée et corrompu de la doctrine; si vous lancez à travers nos horizons à peine purifiés ces intelligences de malheur, ambitions de sinistre augure, qui souillèrent la période dynastique des plus hideux souvenirs de l'histoire, malgré la salubrité de la famille régnante; c'est vous qui attisez la fournaise révolutionnaire. En ravivant le monopole de l'octroi, vous irritez le droit et l'égalité ; en ressuscitant le communisme doctrinaire, vous assurez le communisme révolutionnaire et vous le justifiez.

Qu'avons-nous à faire d'une propriété. Thiers ; d'une famille, Thiers ; d'une morale, Thiers; d'une religion, Thiers; d'un *turlupin à la suite* pour chapitrer la France? Qu'avons-nous à faire de ce monde d'escrocs et de prostituées qui donnait des nausées à l'Europe et que le ministre du premier mars porte en croupe sur son manche à balai. Le monde Thiers et le monde Montalembert, l'un orthodoxant l'autre, n'est-ce pas l'enfer déchaîné? Table rase et refonte pour nous débarraser de la fantasmagorie anarchico-absolutiste. Voilà la réaction et la révolution à leur dernier terme ; et c'est là que la majorité nous pousse en s'opiniâtrant dans sa voie de proscription et de réaction, de préférences fatales et d'exclusions encore plus funestes.

L'issue de la lutte.

La fraternité a deux bras, et le parti droit est manchot ; sauf qu'à la place du bras qui lui manque, le diable, peut-être, emmanche le sien avec toutes sortes d'intentions suspectes. Qu'est-ce, en effet, aujourd'hui, que la pensée de la majorité ou du parti traditionnel? Une tête humaine au bout d'une montagne : la montagne féodale. Vous êtes une fraction de la vérité ; vous n'êtes pas toute la vérité ; où est l'autre partie? Vous êtes la mine du passé, où est celle de l'avenir? Vous êtes le fait, la tradition, le dogme révélé, la hiérarchie fatale , le principe divin du progrès; où est le droit, le rationalisme, l'égalité, la hiérarchie de l'intelligence, l'instrument humain du progrès? Qu'en régime monarchique et absolu, la direction politique émanant du droit divin, l'action synthétique ait résidé dans les mains d'un homme d'un parti, je le conçois ; mais quand la direction politique n'est plus qu'une émanation de la conscience universelle; quand nous cherchons l'idée universelle et philosophique qui doit servir de base à l'idée locale et fatale de la tradition, l'harmonie des idées implique forcément le concours de personnes. N'est-il pas vrai que la lutte des idées, aujourd'hui descendue au forum, enrégimente les masses par les besoins du jour? A quel signe reconnaîtrez-vous donc les idées générales et vraies, sinon à la généralité des intérêts qu'elles expriment et des volontés qu'elles rallient?

Qu'est-ce en politique pratique la valeur d'une idée qui n'a pas l'appui du nombre dans la stratégie gouvernementale? On sait combien pesèrent l'idée libérale dans les conseils de la restauration, et l'idée réformatrice dans les conseils de la dynastie cadette ; et l'on sait aussi où les idées contraires ont conduit la France. Comment! vous ne croyez pas à la démocratie et vous prétendez stipuler seuls pour ce qui la regarde? Régler seuls des intérêts qui vous sont hostiles; des droits que vous n'admettez pas; des besoins que vous ne comprenez pas, et jalonner un avenir que vous avez toujours soutenu impossible? Mais en laissant la démocratie pensante à la porte de vos conseils, annulerez-vous la force électorale dont elle procède? Et supposez même le peuple désorienté pour un moment de son avenir, annulerez-vous la force séculaire qui l'a produit, qui le nourrit, qui le grandit d'un jour à l'autre?

La République, disiez-vous le lendemain de février, *a bien mérité de l'humanité* (*Union*) en expulsant la doctrine. Où sont aujourd'hui les hommes qui formulèrent la Révolution? qui lui donnèrent sa signification sociale et son symbole? qui fixèrent l'instinct du peuple et changèrent une négation en affirmation, une force de renversement en puissance d'édification et de synthèse? qui prirent dans les mains cette force révolutionnaire du talion irrité par 18 ans de loups-cerviers, et changèrent un instinct formidable de vengeance en manifestation magnanime? Ou sont-ils? *Pardonnez-nous comme nous pardonnons.* Où sont-ils, hommes de la droite, vos adversaires de la gauche? — Tombés, me diront-ils, tombés par leur faute! — Je ne comprends pas. Ils voulaient la plaine, vous, la montagne et puis après? *Sub judice lis est.* Et la question pendante, vous frappez comme des juges sans pitié, quand vous êtes vous-même sur la selette? Vous tranchez par le canon le problème débattu à ce tribunal où siégent 6,000 ans de génie, sous la présidence de Dieu? Vous entreprenez de bâtir la synthèse sur la pente de la montagne et vous commencez par jeter vos frères, qui vous embarrassent, dans le précipice! et vous parlez de conciliation!

Mais pour arriver plus vîte à la plaine, vos adversaires voulaient faire sauter votre montagne, *id est* une révolution; nous y voilà! Mais ô montagnards de la caste et de la justice doctrinaire, que faites-vous donc quand vous me dévalisez dans l'audience de première instance, par un jugement sans appel, qui jette ma fortune de pauvre diable sur la grève et ma famille aux vautours? Que faites-vous quand vous me traînez la corde au cou sur le chemin d'une cour d'appel, et que vous laissez mon droit éreinté et la bourse à sec sur les grands chemins, mes enfants aux quatre vents? Et lorsqu'après une vente à faculté de rachat, faute de banque hypothécaire, Grippeminaud happe l'héritage de mes berceaux pour le faire vendre au rabais, mes dieux pénates à la voirie; comment se nomme le diable? Est-ce de la révolution, ou de la fraternité conservatrice? Or, citoyens, quand vous appliquez du matin au soir la force publique dont vous disposez à la conservation d'un état de choses attentatoire au droit humain et à tous les principes de la légitimité sociale, n'est-ce pas la révolution en permanence, l'anarchie organisée, l'iniquité orthodoxée? Et parce qu'aujourd'hui le même vent qui porta le chef de la montagne sur les barricades, le rejette sur le pavé, vous lui demanderez compte à lui seul d'une révolution, vous qui avez jeté sur le pavé de Paris les outres d'Eole? Et parce qu'aujourd'hui le peuple traqué, voyant son œuvre trahie, le travail sur le pavé, les ateliers fermés, le crédit à sec, la banqueroute sonnée à grande volée, emporte sur ses bras ses chefs à la bataille ; vous proscrivez ceux qui n'ont pas proscrit? *Pardonnez-nous comme nous pardonnons.*

Etes-vous purs, royalistes, des tentatives de la force, et n'aviez-vous pas tout à l'heure l'arme à la main, dans la Vendée, au service de Madame, pour arriver par le fer au triomphe de l'idée? Vous, proscrire! n'êtes vous pas ces orthodoxes de la tradition, qui catéchisaient par le fer et le feu, par l'incendie et les dragonades; qui entassaient les mécréants dans ces cachots souterrains, dont l'Espagne garde les saintes reliques; qui, là, fouettaient, brûlaient, chevalaient, ténaillaient, arrosaient de souffre et de plomb fondu leurs charités apostoliques ; qui se couchaient dans le cuissage et se levaient dans la dîme, rois et prêtres, clers et féaux, pour passer leur sainte journée, bras dessus bras dessous, avec les abominations de l'enfer et recommencer le lendemain la même vie ?

Oui, M. de Falloux ; oui, M. de Montalembert ; oui, M. de Kerdrel, vous avez chevauché dans les Cevennes en compagnie des dragons de la propagande ; vous avez guerroyé, pillé, brûlé, saccagé, pendu, cou-cassé, avec Montfort et Montluc, et je vous ai vu sur la place où les cagots brûlaient mon aïeul Jérome. Ne mentez pas : vous y étiez et vous applaudissiez ; je ne vous en fais pas un crime ; non certes, je me suis bien surpris, moi qui vous parle, à regretter le bon temps des cachots de Galilée, le jour où vous avez montré le bout de l'oreille, en faisant dévôtement raisonner les chaînes que vous tenez en réserve pour la presse. Souvenez-vous seulement du *pater*.

Et le scrutin du 10 décembre ? combien sont-ils qui voulurent en faire un traquenard sous les pieds de la France, et de Bonaparte, un soliveau de Louis XVIII, et qui l'ont fanfaronné dans leurs journaux et conciliabules, à son de trompe et grand renfort de loyauté chevaleresque ? (1) Chrétiens dégénérés, quand donc comprendrons-nous les conditions de la rédemption perpétuelle, à laquelle nous devons notre liberté de chaque jour et les grandeurs de la mansuétude divine ?

Les faux dévôts eurent leurs Trestaillons ; les faux libéraux leurs empoignements Carrel et leurs cellules ; qu'a fait le peuple vainqueur de février ? soldat, il a mis trois mois de misère au service de la République; général, il a opposé sa poitrine dans les bureaux de la *Presse*, aux menaces d'une émeute qu'il n'avait pas suscitée, quoi qu'on en ait dit. En récompense de quoi vous jetez le peuple à la rue et ses généraux hors des frontières? Mais le peuple sans chefs, savez-vous ce que c'est? il n'a pas, lui, comme ceux qui le conduisent, les avantages de l'instruction pour appréhender dans les hautes régions des lumières les rapports du présent avec le passé, et enfoncer son levier politique dans les profondeurs inébranlables du dogme. Sa fraternité, à lui, c'est un instinct d'enfant, un sentiment poétique qui jette son arome, comme les fleurs en temps serein. Sa politique, à lui, affaire d'imagination et non de raison, c'est l'image du ciel dans une eau tranquille; le fleuve troublé, adieu les mirages et le méridien solaire; restent le bruit et la dévastation. Le peuple sans chefs, c'est la révolution sans symbole, c'est le droit sans formule, c'est la révolution sans correctif; car le droit, pour le peuple, n'est pas une doctrine certaine, une théorie plus ou moins imprégnée de christianisme, un système raisonné de gouvernement, rien de clair, de positif, de praticable; c'est un instinct immense de changement comme l'aspiration des âmes du purgatoire; c'est une soif de justice, de bien-être, de liberté, d'égalité, démésurément irritée par le spectacle du luxe et de la corruption, par l'iniquité légale érigée en théorie; c'est un immense besoin d'ordre, de foi, d'harmonie domestique et de réciprocité sociale qui n'existent pas pour le peuple tant qne le flot des scories féodales traverse, en guise de courants nourriciers, et grâce à la suprématie du capital, les basses terres de l'éducation publique.

C'est une masse de désirs divers, de sentiments froissés, d'intérêts trahis, d'aspirations longtemps étouffées et qui prennent, en se touchant, les proportions incalculables d'un élément en fureur. Le peuple sans chefs, c'est la force ouvrière des programmes du 15 mai, moins les hommes de cœur du 15 mai. Oui, c'est la force militante et souffrante de la révolution qui se constitue fatalement en puissance gouvernementale, et procède à la rénovation sociale, non par la synthèse des idées qu'elle n'a pas, mais par la destruction de tout ce qui est, pour retourner au point de départ de la société même, à la libre manifestation de la conscience humaine, à l'affirmation d'un culte naturel, par la réalisation générale et violente du droit. La majorité se blouse étrangement si elle se croit l'expression du vœu national. Un vote obtenu par la peur, la compression, la menace, la menace de l'abus contre le droit, du capital contre le travail, n'est pas acte de liberté, mais œuvre de servitude. Le vote floué, les rancunes restent emmanchées de menaces de fer ou de feu.

La majorité sait bien qu'elle n'existe que par l'absence de lumières et d'unité chez le peuple; et la preuve, c'est qu'elle se gardera bien de se montrer telle qu'elle est, à côté de la vérité nue, au suffrage universel, et de proposer au choix du peuple la *monarchie sans droit* ou le *droit sans monarchie*; parce qu'il suffirait d'un souffle pour la renverser comme un bataillon de cartes. Elle sait bien qu'on ne peut rebâtir la caste qu'en muselant le peuple, et museler le peuple ouvrier, qu'en écrasant la démocratie. Et vraiment la démocratie serait par trop débonnaire de rater au feu quand elle a sous la main l'arme d'Achille. Mettre le soleil en pièces et lancer les débris de la vérité, en guise d'obus, dans le camp de ses adversaires; ouvrir les cataractes de l'évangile et submerger dans les prescriptions de l'église la richesse sans charité; ramasser les feuillets du code déchirés par l'octroi, pour les attacher, immortel Samson, à la queue du renard populaire, lancé à travers les droits condamnés par la charte civile; qu'est-ce que cela lui coûterait à la démocratie! Elle n'use pas et ne doit pas user de ses droits rigoureux, parce qu'elle n'est pas le droit naturel seulement, mais le droit et la charité, ou la fraternité.

Mais si, lorsque la charité vous tend la main, vous cherchez à lui couper le bras droit, vous la forcez à se défendre en désespérée avec son bras gauche, en l'acculant dans l'impasse du talion. Et voilà de quoi nous sommes menacés par l'aveuglement d'une majorité réactionnaire.

C'est donc maintenant qu'il importe à tous les hommes de bonne volonté, riches ou pauvres, — la fraternité accepte tout, — de s'examiner à fonds de conscience et de se demander s'ils veulent un ordre de choses possible, une société praticable : la société couvée par l'église, chantée par les arts, indiquée par tous nos grands génies, mûrie par la révolution; s'ils veulent la fraternité, enfin, la nécessité du temps; — et la nécessité, dit M. Guizot, est toujours mortelle à qui regimbe contre elle; — et alors, qu'ils pèsent de tout le poids du nombre sur la tourbe imperceptible des ambitions qui trompent la France; ou bien s'ils sont décidés à donner de la corne contre le lion démocratique; et en ce cas, nous pouvons nous hater de construire notre arche et nous choisir d'avance notre mont d'Arminie, car la lavasse se prépare.

Si les révolutions de 1830 et 1848 manquent dans l'histoire par un caractère de modération sans exemple, c'est parce qu'alors le droit commun froissé n'avait devant lui pour répondant qu'un principe, la monarchie; et qu'entre la monarchie et le peuple s'interposaient pour amortir le choc de la révolution la majesté des souvenirs et les retentissements de l'histoire.

Aujourd'hui que la souveraineté extravasée dans toutes les parties de la nation nous fait tous réciproquement solidaires; aujourd'hui que les royalistes et les faux libéraux se sont annulés et vilipandés aux yeux du peuple par une union scandaleuse, après leurs luttes acharnées; aujourd'hui que par leurs violences sur les hommes en qui s'incarne, au plus haut point, le génie national. — Chateaubriand, *chassé comme un laquais par les uns* et emprisonné par les autres; — Lamartine, insulté comme un voleur, après avoir été encensé comme un sauveur; — aujourd'hui que par la corruption des lettres, l'abus du pouvoir et leurs tentatives de corruption sur l'église, les royalistes et les doctrinaires ont amené le peuple à désespérer de tous les principes de la civilisation compromis à la défense de leurs symboles, la lutte serait terrible.

Le despotisme n'est plus un principe séculaire; sauvegardé par sa vétusté, corrigé par la charité, enraciné dans les premières assises du christianisme, ancré dans les nuages du droit divin et enveloppant la société de pied en cap, comme une camisole de force, imposée par la divinité même. C'est le poids brut du capital, le despotisme d'homme à homme, avec toute la laideur et l'intolérance des passions sans contrôle et sans contre-poids; c'est l'orgueil, la luxure, l'avarice, l'égoïsme sans frein, sans remède, sans allégement, froissant, coudoyant, rudoyant le droit commun et pesant sur l'épanouissement de la liberté, par tous les contacts de la vie. C'est l'imbécille et rogue suprématie du fait accompli mêlée de bassesses, d'infamies et de galères, écrasant la destinée du peuple pour étouffer sa raison; c'est d'un côté une classe exaspérée qui ne croit plus à rien; de l'autre, une classe matérialisée qui a fait abus de tout. Mais du côté du peuple sont l'évangile et le code, avec la sève de l'avenir, droit et travail; tandis que l'évangile vous condamne et que le code vous emprisonne. Sang pour sang, vie pour vie; voilà le dernier terme de la lutte entre le droit et la charité. *In medio virtus.*

CONCLUSION.

Quand les apôtres de l'égalité humaine évangélisaient le monde, martyrs, chevaliers, philosophes, républicains, ils scellaient de leur vie la proclamation de la *bonne nouvelle* et le triomphe de l'idée. Ainsi les maîtres, ainsi les disciples. Ce livre ayant pour objet final de conclure que le symbole doctrinaire de l'octroi, qui réserve au capital la faculté d'écraser le droit en justice et de prostituer le pouvoir; que ce symbole, disons-nous, n'est, aujourd'hui, dans la déchéance absolue et l'impossibilité du vieux pouvoir de l'église, qu'un refuge de voleurs et d'assassins, voici nos pièces de conviction : trois générations poignardées, la lignée entière, fleurs, tronc et racines, par ledit symbole, et perdant sang depuis vingt années, aux yeux de la loi, impuissante à les protéger. C'est d'abord un brandon tombé de la bouche d'un petit père de Chièze, en 1824, au cœur d'une famille, et qui en brise les artères ; qui divise son tronc jusqu'aux racines, et jette les branches au vent : quatre destinées à la voirie des orphelins. C'est l'orgueil bourgeois, ou la caste incarnée, autre parenté funeste pour la tige populaire, qui s'empare de la victime pour la livrer aux chacals du *fait accompli :* qui décapite de son administrateur le patrimoine des quatre mineurs, sans séparation possible de corps ni de biens ; sans cause de scission domestique, autre que l'orgueil d'un juge et d'un prêtre ; les bannis sans ressource, sans carrière, sans profession, livrés en tutelle aux quatre vents de la fortune ; à la paternité de la fatalité. Voilà 50,000 fr. de revenus avalés dans 20 ans sans que les proscrits aient compté chacun pour 30 écus par an dans le budget de la débacle ; voilà 20,000 fr. emportés du capital par l'abus d'une incapacité de femme, les bannis restant nus. Voilà le patrimoine desdits conduit avec la volonté d'enfant qui en dispose, sans contrôle judiciaire, dans une caverne de voleurs, portant plaque notariale, pour y aliéner, moyennant 430 fr. de rente, un revenu de 1800 fr. ; voici une demande en autorisation de vente, le père opposant, comme toujours, dans l'intérêt des enfants, dans laquelle les tuteurs légaux de la propriété vendent sans forme de procès le bien du père avec le bien de la mère ; objet de 4,000 fr. de valeur vénale, harponné pour 800 fr., le *faux* aidant, *coram populo* ; et la plainte du vieillard qui protestait contre cette double forfaiture, étouffée par des outrages.

Voici maintenant le premier rentré des proscrits qui se trouve forclos de son code et de son foyer ; qui élève une protestation sur son champ doublement usurpé, qui se voit garrotté dans un cabanon de fous, et laisse.... *cal'x iste si possibile transeat*. .. et laisse une partie de sa raison dans les mains de la violence; voici le second rentré des proscrits qui vient revendiquer une somme de 5,000 fr. sur le patrimoine maternel sequestré par la captation; fonds dotaux, somme garantie par les deux volontés domestiques, qui, quoique séparées par l'orthodoxie, n'ont jamais failli au devoir de tendre la main à leur famille errante; et la *justice* conduit le réclamant dans un traquenard judiciaire, devant un tribunal abattoir, organisé *ad hoc* par deux spéculateurs en épaves, assommeurs-jugeurs, ou aboyeurs-plaideurs tour à tour pour le compte l'un de l'autre : Pollux adjugeant ses conclusions à Castor qui passe à Pollux le sené en retour de la casse; le tout, avec complicité, préméditation, ratification des capacités momiaques entoquées de souveraineté qui siégent là; et pour qui moyen n'est de gagner de l'argent de la République, autre que de s'aller blottir, quand le droit les serre de près, dans le pourpoint de Robert Macaire avec la main de justice et la majesté de l'autorité. Voilà le justiciable jugé à son insu, en trahison, à huis clos, malgré sa persévérance à suivre les audiences; jugé sans communication des pièces adverses, sans production de titres de sa part, et conséquemment sans débat; le voilà détroussé dans un coupe-gorge où ses hommes d'affaires ont été sommés de l'induire en guet-à-pens, à ses frais; de quoi l'un d'éux marri et vitupéré en public s'est excusé par ce cri de conscience : c'est le président qui a tout fait. A VENDRE, pour 40,000 fr., deux chaînes avec boulet enveloppées de faux contracts et de jugement grevé de faux : affaire avantageuse pour les partisans du *statu quo* judiciaire, qui trouveront sous le drap mortuaire, outre les chaînes et les galères, le cadavre d'un tribunal qu'ils pourront enterrer, *sicut fur*; et qui ne négligeront pas sans doute, pour si peu, de désintéresser leur symbole. Notre pensée, ici, n'est pas de jeter l'ombre d'un soupçon sur les défenseurs du droit féodal et du *statu quo* judiciaire, en matière d'affaire d'argent ; non, nous pensons seulement que comme hommes politiques, le plus humble soldat de la démocratie leur fera sortir du ventre le bagne et les lupercales quand il lui plaira; et cela, sans autre peine que de fouetter le sophisme où ils chevauchent pour lui faire monter l'écume à la bouche.

Voici maintenant lee naufragés de l'orthodoxie au seuil de Monseigneur de Bonnechose, — *réparez le mal fait au prochain*, — femme et enfants sur les bras, avec toutes les désolations du foyer aveuvé, — *vous qui souffrez venez à moi*, — ils demandent quatre mots d'écrit, compensation d'une ruine trentenaire; et la protection d'une introduction dans un établissemsnt voisin pour avoir du travail, — *le pasteur vient quand la brebis l'appelle*, — leur vie est là ' jalonnée des plus respectables sympathies dans la direction de tous les drapeaux; gardant, au fond de ses archives inconnues, le lacet doctrinaire qui avait étranglé son avenir. Et Monseigneur rejette du pied dans le gouffre le radeau *de la Méduse*, passé, présent, avenir avec. *Sinite parvulos.* Le moment était dur, dur : un berceau sombrait au même point où son prédécesseur avait été englouti. Monseigneur n'a pas eu la patience de lire que les ravages dont il entend un écho lointain ont pour première excuse la parenté d'un prêtre et d'un juge : juge et prêtre, nous l'ajoutons aujourd'hui, liés d'opinion, de symbole, voire de rapports personnels avec les larrons convicts que nous laissons encore derrière le rideau : de même que l'absolutisme politique et l'absolutisme religieux pompent la vie à la même fibre. Monseigneur a défendu l'inviolabilité de l'autorité. Ce quelque chose d'infini, d'absolu, d'indiscutable : un principe ré gnant à priori, supérieur à toute force humaine, charrié jusqu'à nous par la tradition chrétienne, et suffisant par son épanouissement non contraire à tous les besoins de la liberté; le pouvoir de M. de Montalembert enfin; nous le comprenons : mais reste à savoir où ce pouvoir se trouve.

Un homme fut au début de ce siècle, quand le monde remanié par un géant avait perdu l'instinct de sa destinée, et croyait, comme son maître, le globe terrestre lancé dans l'espace, uniquement pour faire la révérence à Bonaparte; un homme qui balança par son génie les errements planétaires de cette destinée fastique à la suite de laquelle la pensée humaine dérivait au vieux fatalisme de la religion d'état. Il planta plus haut que tous les débris les deux symboles de l'avenir et du passé; il relia par ses deux bouts la haine de la destinée humaine; rebâtit dans les cœurs, au au son de la lyre d'Amphion, les autels de la foi et de la liberté, et annonça la religion philosophique. Qu'est-ce que la religion philosophique?

Quatorze siècles de fièvre féodale pour expulser le virus de l'orgueil, et ramener le monde à ce type d'égalité chrétienne dont les rois et les chevaliers à genoux offraient le symbole;

L'homme des révolutions déduisant au creuset de son génie la substance philosophique de nos luttes séculaires pour en composer dans le lit de Procuste des cinq codes, la formule universelle de la souveraineté : l'égalité civile :

L'homme de tradition, Chateaubriand, résumant au creuset de son génie la substance de l'art helleno-chrétien pour en composer le principe universel de la souveraineté : le christianisme philosophique ou la religion assise sur le droit ;

L'écho divin bourdonnant à travers les phases humaines les résurrections de l'ordre naturel : *rétablir le royaume du Père, — mites possidebunt terram, imagini suæ formam, decus reddere, — quand l'Esprit sera venu il rendra témoignage de moi ;*

L'église, ou l'esprit divin, poursuivant la restauration démocratique sous toutes les formes : *siate buoni cristiani e sarete ottimi democratici. Dieu favorisa les travaux de Caton d'Utique et des illustres républicains de Rome.* — Pie VII. ;

Poursuivant cette égalité puissante et féconde qui arrachait à la mansuétude de Fénélon le vœu que le sang tartare lavât les rivages souillés par le despotisme ottoman.

Au bout de nos luttes, la légende républicaine enveloppant de sa triple formule, l'orbe des idées ; le droit antique, mélangé de foi, relevant la tête à travers nos 18 siècles d'octroi pour redonner sa base à l'ordre rationnel, virtualiser le principe chrétien de la réhabilitation par le contrôle effectif, et réaliser universellement la personnalité ;

Le droit, mélange de grâce et de rigueur, d'inspiration chrétienne et d'obligation civile, de génie et de tradition, de dogme conquis et de dogme octroyé ; sève intérieure et mystique qui monte sous nos pieds du fond de ces couches chrétiennes fermentées dans le sang des martys pour abreuver nos racines ; cataractes olympiennes, qu'épanchent sur nous ces tourbillonnantes harmonies de la création où furent bercées la jeunesse de la liberté et les printemps immortels de la poésie ;

Le droit, c'est-à-dire la liberté restaurée par l'autorité, l'autorité reconquise par la liberté, non pas en lambeaux, comme par le procédé philosophique, mais centrale avec le dogme trinitaire ; et sur le pivot divin, la liberté attribuant à tous ou *socialisant* le double élément de la personnalité, la philosophie et la foi ; l'égalité naturelle et l'égalité chrétienne ; le dépouillement apostolique et l'abnégation du philosophe ;

Le droit, enfin, garantissant à la fois l'individualité hiérarchique et la communauté civile par l'initiative centrale basée sur la fraternité ; je demande si la religion philosophique est un rêve de sophiste, ou le premier soupir de la liberté majeure ; le premier rayon du monde rationnel qui se résume et se reconnaît ; le premier murmure de la souveraineté absolue retrouvant son légitime écho : la souveraineté du peuple, Je demande maintenant au parti de l'autorité absolue quelle est sa filiation avec le programme de Chateaubriand et de Lamartine, qui est celui de la Révolution de février. Hommes de tradition, ils ont un passé : quel est-il ? Prédicants d'hiérarchie, ils se reconnaissent des supérieurs sans doute ; quels sont leurs maîtres ? Entre la religion politique qui finit, et la religion philosophique qui commence, quelle est leur position ? que retiennent-ils du passé, que demandent-ils à l'avenir ? Ont-ils fait choix, entre le catholicisme républicain de Paris, et celui qui proclame dans la chaire de Montpellier l'enfant du miracle? Pauvreté chrétienne, médiocrité philosophique, égalité partout, par le sacrifice et l'abnégation, que veulent-ils? *Omnia mecum*, disait la sagesse du temps : *qui m'aime, porte ma croix*, dit la sagesse éternelle. Où est la croix du parti catholique? Je vois un bijou au bout d'un ruban; une rente sur le grand livre; une vanité de tribune de journal, de salon, qui s'en va magnifiquement attifée dans ses orthodoxies de parades, qui s'en va saturée de champagne, de lorettes et d'opéra, monter en corrosse au calvaire pour donner les étrivières au pauvre monde. Empêchons-nous sa charité de donner ses rentes; son humilité, de conquérir des médailles d'honneur; sa dévotion, de se dévouer au soulagement des innombrables misères qu'il trouve plus commode de traiter par la mitraille et les baïonnettes? Révolte insensée contre la double autorité du génie et de la foi qui maintenant se tendent la main! Voilà le parti du pouvoir absolu; et modestement il nous présente la lisière pour nous mener en laisse : la lisière de l'octroi? Titon desséché, a-t-il dans sa patte d'araignée les roses de l'aurore? Vieux matamore rongé de rouille, sa lance de bois est-elle en état de barrer le passage à la Marseillaise? Vieillard caduc, avec son éteignoir jusqu'au menton, est-ce en pataugeant sur sa couche millinaire qu'il rattrapera dans nos Olympes les mille soleils qui nous éclairent pour les renfourner dans son falot? Dites-moi, cardinaux, d'où viennent ces gémissements qui palpitent dans la glèbe populaire comme les soupirs d'un volcan sous-marin? Ces chastetés chrétiennes dévorées par les lupercales, les voyez-vous?

Et si vous ne les voyez pas, le peuple est donc plus clairvoyant que vous, lui qui sait la cause du mal et le remède. Voyez-vous cette population desséchée par les marasmes du chômage, cette contrée décimée par la famine et l'intempérie, cette immortelle Andromède rongée sur son rocher pas le vampire anglican? Avez-vous assez de rosée en main pour rafraîchir toutes ces brûlantes misères? Et si vous ne pouvez rien pour elles, le penple est donc plus puissant que vous, lui dont le bras touche où va son regard : et alors qu'avez-vous à faire à lui disputer son droit?

La souveraineté du peuple n'est pas une question de forme ; elle enveloppe l'océan des idées, et si ce principe est un crime, ce n'est pas à Rome qu'il faut l'attaquer, c'est à Paris, Il s'agit donc aujourd'hui de battre le rappel des croyances au seuil du Vatican et de décider la politique de France et la politique romaine, parce que la question religieuse est impliquée dans la solution : *j'étendrai mes bras en croix et j'embrasserai le monde* : les cardinaux embrassent leur pouvoir temporel avec un cercle de fer et de feu. *Le bon pasteur donne sa vie pour son troupeau* : les cardinaux bombardent leurs ouailles. Il s'agit de savoir si la crèche a voulu signifier un dais de soie sous les lambris ; la destinée du charpentier, une vie bercée dans le confortable ; et si le Christ a répandu son sang pour acquérir à ses ministres le droit de verser le sang du peuple. Politiquement, l'église est prise en flagrant délit de pour et de contre : ou elle a failli, en orthodoxant la mémoire de Chateaubriand, ou ellv trahit le monde, quand elle braque le canon contre le programme de la République. 18 siècles passés, un pauvre pêcheur crucifié la tête en bas, dans les rues de Rome abdiquait l'orgueil humain, et conquérait, par l'aveu d'une faute, le droit de réhabiliter la liberté. Aujourd'hui les Seigneurs de la vie éternelle défendent à coups de canons le droit de ne pas se reprendre, et l'immutabilité de la fatalité : est-il temps de virer de bord ? Il faut une règle, une conduite assurée, une loi positive à la conscience humaine ; plus de guerre scandaleuse et sacrilége entre le temporel et le spirituel dans le même pouvoir, car c'est la ruine de la foi ; il faut une direction politique en harmonie avec la loi universelle de la conscience et de la religion.

Où sont les excommuniés ? d'un côté l'homme d'Outre-tombe avec le respect des rois, les sympathies des peuples, les hommages reconnaissants de la chrétienté entière ;

Les archevêques de Paris coupables de croire à la République et d'avoir baptisé le Samson du 24 février ;

Toute la démocratie laïque ou tonsurée du moyen-âge, savants, chevaliers, poètes, pontifes ; toute la renaissance et le 17e siècle avec ses démocraties primitives ; toute l'antiquité classique avec ses aspirations chrétiennes ; toute la civilisation présente avec ses ramifications bibliques et homériques.

De l'autre, les oligarques de Rome, qu'on prendrait, la plupart, pour des revenants de Caprée vue par son côté sanglant. Charlemagne les fit seigneurs quand le dogme n'existait qu'à la pointe de l'épée. Mais si les orgies cardinalesques n'ont pas empêché le dogme chrétien de rayonner ses divinités au monde à travers les chef-d'œuvre des arts, les monuments du génie sont aujourd'hui bien autrement puissants que la force pour nous ramener à la foi.

Droit et octroi, où sont les excommuniés? Ah! l'église est ce que nous sommes, un composé de matière et d'idée; une vue divine, une paupière clignotante qu'effraient les horizons fulminants de la démocratie; il y a dans l'église les cardinaux-seigneurs qui avaient déclaré la guerre à Dieu dans le dernier conclave, contrebandiers d'en haut sous l'estampille de St-Pierre, qui voulaient flouer les clefs du paradis pour y introduire, en fraude, les prostitutions et les égorgements de la dévôte Autriche; et il y a la *langue* de feu qui met, quand il faut, les cardinaux dans le sac, comme au dernier conclave. Ils voulaient Lambruschini, ils ont eu Mastaï, un disciple de Pytagore, pour qui la vérité n'est pas une idéalité impalpable, mais une harmonie de cher et de sang, et qui dit *tout haut que les ministres de Dieu ne doivent pas rouler carosse, quand les pauvres de J.-C. tombent sur le pavé.* Et comme l'œuvre divine n'a pas d'autre objet que de restaurer l'ordre naturel qui est la philosophie, l'invisible prit corps dans la personne de Mastaï, il secoua sur le monde chrétien ses entrailles démocratiques, et de la rosée de Sapience est sorti le symbole de la fraternité;

L''incarnation politique de ce dogme insondable — *trina dietas* — qui luit au fond de l'intelligence humaine, et que réverbère l'humanité par tout ses aspects: *Dieu le père, ou l'égalité; Dieu le fils, ou la charité; Dieu l'esprit, ou la fraternité; la puissance ihcarnatrice du Verbe et la science des rapports du physique avec le moral.* La semence philosophico-chétienne n'a pas encore levé à Rome, et l'étoile de Pie IX nous apparaît comme une comète de sinistre augure, à travers la toge sanglante de l'absolutisme autrichien.

Et par ainsi, monseigneur de Bonnechose, qu'est-ce que ce meurtre domestique qui a traversé deux révolutions et ce détroussement par le *rossignol* et la main de justice, par qui sont trois générations expropriées de leur destinée? Regain féodal, vieux abus de la force, ricochet du passé : c'est le vieux temps qui ne veut pas mourir et qui se cramponne à la vie pour la dévorer dans son sépulcre; plutôt que d'émarger avec nous, en se dépouillant de ses caducités, aux visions d'une aurore nouvelle. Mais la mort n'a pas conscience de ses destructions ; et quand le crime lui sert de valet il ne jouit pas de ses corollaires. Je n'en veux donc pas au faux pouvoir que vous avez protégé. Quand ils nous déracinent de nos foyers pour nous jeter aux orages, n'y trouvons-nous pas la force et le droit du tonnerre pour faire table rase de ses usurpations? Qu'importe qu'il dilapide ma famille avec la fureur de la trombe? n'ai-je pas l'océan populaire, Alcyon, pour bâtir mon nid sur les flots? Et si dans ce pays taché d'encre sur la carte de M. Dupin, je ne trouve, en guise de paternité chrétienne, qu'un monstre barbouillé de faussaires, de cadavres et de folie, est-ce là l'église?

Je l'ai vue, l'église chrétienne, radieuse de philosophie, emboîtant le pas de son siècle et donnant le baptême de sang à la liberté, sur les brèches de l'avenir; je l'ai vue sous les bandelettes de la foi sans examen, soutane rapée, au pied de l'autel de l'église de village, nouant des nœuds de l'inéluctable formule, le socialisme rudimentaire du foyer. La charité, qui montait autour d'elle comme un encens, déployait sur ses épaules, avec toute la majesté du temps, l'antique beauté des patriarches et le manteau parfumé du champ de Booz, et les vierges bibliques qui fesaient la ronde autour de sa tête chenue, chacune avec son lot providentiel, rattachaient à la côte d'Adam, par toutes les félicités inédites de la virginité qui bourgeonne au pied de l'autel ; la fiancée devenue reine par son esclavage. Et tout s'en allait à ses fins, comme dans le tableau de Michel-Ange, remorqué par l'invisible grappin de la charité.

Voilà l'église universelle et l'ancêtre que je couvre de mon manteau ; elle ne prend pas le siècle par les cornes pour faire rebrousser le droit. et ne craint pas, quand elle s'est rendue coupable de quelque faiblesse, de faire acte de temporel en la réparant. Toujours militante pour la philosophie et la foi, elle expie par le sacrifice les faiblesses de la chair et du sang, et laissant à la terre sa dépouille caduque, elle transporte jusqu'à nous, à travers les bûchers et les échafauds, le flambeau universel de l'idée. (1) J'accepte de ses *bûchers* l'unité religieuse et de ses *terreurs* l'unité politique; déposant humblement sur la tombe de tous, l'hommage respectueux de ma reconnaissance, et m'en remettant à Dieu du soin de purger l'héritage des morts.

Quant à cette église imprudente ou révoltée par des journaux de révolte, à qui la supériorité du génie n'est pas moins insupportable que l'humilité de la foi, la lumière politique n'est pas dans sa lanterne et la légitimité manque aux contracts de son drapeau. Elle fait ombre à la charité samaritaine et à la philosophie qui se cherchent pour le salut du monde, car le vieil absolutisme est bien mort.

Vous demanderez, peut-être, monseigneur, quelle est

cette voix qui sort de dessous les eaux pour contester un pouvoir qu'on dit prêt à reprendre sceptre et couronne ? Ne regardez pas aux misères de ce livre avarié dans les eaux amères de la *charité*, à la forme incorrecte de ses arguments, mais aux matériaux entassés dans son laboratoire et à la mine commune d'où ils sont tirés. *Unité de la destinée humaine, ou rapports de la philosophie et de la foi.* — *L'apôtre du siècle*, même thèse, forme différente. — *Albert Farnèse*, idem. — *Isaure*, ou les deux bourgeoisies. — *Lettres Pyrénéennes.*—dix volumes de fumée qu'on vous eût donné pour un reflet d'espoir sur un berceau.

Les expatriés de la famille avaient-ils lieu de chercher dans la paternité du génie la protection qui leur manquait dans la réalité? Laissez-les donc crier du fond de leurs ruines que le symbole de l'octroi n'est plus qu'un refuge de voleurs et d'assassins. Et vraiment, cette pureté apostolique dont on se plait à respecter les insignes dans le clergé de ce temps, chemine à cette heure en bien mauvaise compagnie. Car si la légitimité féodale, quand vivait, broyant par-ci par-là l'égalité dans son gantelet de fer, respectait la noblesse de ses origines et lui laissait l'abri de Dieu, ce qui n'a pas empêché le droit divin de lui brûler trois fois la politesse ; les sublimes du fait accompli s'inquiètent peu des choses de l'autre monde ; ils jettent notre éternité aux gémonies du panthéisme, et nous dévalisent du temporel en complicité de la loi, plus aisée à débaucher que Dieu ; *Proh pudor* ! Cette main de laperculaire et d'escroc qui crochette l'avenir de la France, c'est l'absolutisme religieux qui lui tient le falot. Et quand l'église couvre de son aîle le droit féodal, c'est elle qui fait éclore le communisme.

Si quelque nouveau *juin* descend des nues ou sort du code, qui émoussera les vengeances, quand la charité, reine un moment, ne prouve à ses adversaires sa force et sa vertu qu'en les écrasant? *ab uno disce*. Voyez, monseigneur, ces deux trombes de fatalité, par qui fut rasé le foyer dont je cherche les traces; l'abbé M.... et l'abbé P. ..., à qui Dieu me garde de tenir rancune; où sont les redressemens, répentirs, réparations de dommage, en présence de ces familles foulées et piétinées sur les grands chemins? où sont les actes de fraternité qui balancent ces immenses ruines? vous le savez. monseigneur? Et quand le pasteur envoie son troupeau à la boucherie, que voulez-vous qu'il attende des loups?

N'ayez peur de vos comptes courants avec la révolution; la soutane rapée créditera toujours assez haut vos grandeurs seigneuriales, pour liquider l'arriéré dont vous avez accepté l'héritage; et dans la fumée de ses bénédictions, votre croix d'or, dont vous m'avez écrasé la tête, ne sera pas moins belle qu'une croix de bois.

Mais un devoir impérieux dispose de ma destinée : désencombrer deux vieillesses septuagénaires de dessous les ruines de la prévarication; percer un avenir devant ces berceaux que la charité catholique condamne aux vautours, sur la grève de leur épave; lutter jusqu'à extinction pour la réhabilitation intellectuelle de ce pauvre égaré dont la raison n'attend pour rentrer dans son lit, que de retrouver le lit de sa destinée; — respecter la fatalité, monseigneur, n'est pas acte de charité chrétienne; — traîner à la barre de la justice avec l'aide des hommes du droit qui se souviendront de Calas et de Voltaire; — traîner à la barre du grand jury, cette association de malfaiteurs, sur laquelle plane encore le bien jugé de l'abbé P....

Voilà l'œuvre à laquelle appartient tout ce qui me reste de force, et je le crie en passant au seuil de votre demeure, en dernier hommage au symbole de la fraternité. Celui qui vous proposerait de vous vendre votre passé politique et les protestations dont il fut l'objet, au prix de deux familles décapitées, fermez-lui votre porte, monseigneur, et le repoussez comme votre ennemi mortel : *lingua dolosa.* Il ne voit pas, celui-là, son héritage invendu, non joué, non dilapidé, dépécé jour à jour par le *fait accompli* et la justice faux-poids, sous la direction de quelque forçat honoraire ; il ne suit pas à la nage sur un fleuve débordé ses berceaux endormis et ses dieux domestiques. La plus chaude substance de ses entrailles, il ne la voit pas couler, lui vivant dans la tombe !.., *heu non tua palmas* !... et il ne voit pas chaque jour une histoire de Naboth, pétrie de son sang et de sa chair, errer autour de son patrimoine envahi, exhalant les agonies d'une vie qui meurt à toute heure sans pouvoir finir.

Et voilà pourquoi il trouve tout simple de nous clouer au rocher où l'orthodoxie nous mange le foie. Mais notre vie ne renaît pas, et de nos jours tombés dans la balance éternelle, le compte quel qu'il soit ne répondra pas pour celui qui n'est plus qu'un néant dans la vie. Est-ce vous, monseigneur, qui réglerez son *doit* et *avoir*, ou si ce sera M. l'abbé B. avec ses collègues ? L'heure approche où j'irai, mon cadavre à la main, tourner autour du festin de Babylone pour reprocher à la loi son long sommeil et lui demander compte de mon code. Si je me trompe, et le voyageur assailli nuitamment n'a pas à mesurer ses coups. à vous le premier à redresser mon livre et mon réquisitoire.

En attendant, monseigneur, dites à nos coupables que leur budget est grevé de nos droits prévariqués; que leur nourriture de chaque jour est la substance vampirisée de leurs victimes ; et tant qu'ici trois générations couchées sur le carreau, en affront à toute loi divine et humaine, perdront leur sang par cette blessure qui a coûté la vie d'un enfant et par où s'épanche une destinée éternelle, il y aura quelqu'un qui aura le droit de discuter la propriété de votre croix d'or.

Ils seront beaux ces jours de justice et de paix. où la philosophie revenue de son pôle du nord, reconnaîtra l'inconnu d'Eleusis dans cette synthèse divine qui nous presse éternellement par les merveilles de l'art et de la foi de ses harmonies trinitaires où l'église débarrassée de son armature féodale, ouvrira ses bras maternels à toutes les vertus qui germent sur les œuvres de Dieu. Alors nos enfants boiront à sa mamelle la primitive foi purgée de sa sève barbare; alors elle-même pressera snr les lèvres des générations naissantes, les formules de l'égalité naturelle, éternel âge d'or de la pensée; hôtes divins, expédiés dans le temps pour héberger d'âge en âge la pensée providentielle et répondre de l'infiniau mileu des débauches du néant.

A la clarté de la philosophie régénérée, les symboles fabriqués de mains d'homme, convaincus de leurs infirmités de nature, reconnaîtront, dans le législateur de la crèche, l'impérissable orient de toute humaine sympathie ; ils s'inclineront avec amour devant les effusions de ses ineffables tendresses, et s'abimeront, au chant de l'*Hozanna*, dans la lumière de son symbolisme. Et la raison individuelle, la philosophie au flanc comme une flotte à vapeur qui, de tous les points de l'horison fait cap vers le même mouillage, viendra successiyement tendre sa voile à ces vents alisés de la foi, qui doivent la conduire au port sans lui laisser ni les fatigues du voyage, ni les embarras du chemin.

(1) Il est pourtant des hommes qui ont voulu dans toute sa sincérité l'*épreuve républicaine*, comme le duc de Fitz-James, nom digne de l'*administration désolée*, dont le génie de Chateaubriand lui jeta l'auréole. Mais quand à la direction générale imprimée au parti, elle est dessinée dans les lignes suivantes que nous extrayons d'un journal catholico-royaliste : M. D..., député de la L..., dans un discours plein de *franchise* et de *droiture*, qui a constamment captivé l'auditoire, a appuyé la candidature de L. Napoléon, qu'il regarde comme *devant seul hâter la solution d'une crise qui est dans tons les cas inévitable*.

(2) L'église dogmatique, infaillible, spirituelle n'est pas ici en cause; ce n'est pas cette église là qui couchait dans le le temps la liberté sur le gril et qui vient aujourd'hui de bombarder Rome.

(3) Pardonnez comme nous pardonnons, principe fondamental de l'équilibre chrétien; mais pour être en état de pardonner, il faut pouvoir vivre chrétiennement, à l'abri des influences pernicieuses et du despotisme de la volonté d'autrui, qui sont une cause nécessaire de désordre. Or,

écrire dans la loi l'inviolabilité des pouvoirs, c'est afficher l'immutabilité du crime et la fatalité du mal : c'est annuler l'édification mutuelle et le contrôle qui sont le principe philosophique du repentir, pour livrer le monde à la loi de la force; c'est jeter l'abus et le talion pantelant sur le carreau de la Révolution; pousser le droit en éruption à la porte du monopole, pour lui demander son bilan, et lui faire une première fois son compte; en attendant l'autre répétition préparatoire du jugement dernier.

TABLE DES CHAPITRES.

ERRATA.

Pages.	Lignes		*Lisez :*
21	4	la voir	le voir
24	15	représentaient	repercutaient
44	2	turpides	torpides
45	15	de la	de se
47	15	théories	théogonies
47	12	risibles	visibles
47	18	autre	centre
49	4	longueur	langueur
62	1	visement	revêtement
78	11	la fécondité	les fécondités
120	32	vérité	société
127	14	distance	destinée
141	16	pouvoirs	souvenirs
141	17	souvenirs	ancêtres
146	21	laissé à	laissé seul à
179	3	assurez	irritez

www.ingramcontent.com/pod-product-compliance
Ingram Content Group UK Ltd.
Pitfield, Milton Keynes, MK11 3LW, UK
UKHW020323230726
13925UKWH00002B/587

9 782019 265779